算法
思维训练

信奥大师的
算法教与学秘籍

[斯洛伐克] 米哈尔·福里谢克（Michal Forišek） [瑞士] 莫妮卡·斯泰诺娃（Monika Steinová）◎著

王津 冷学农 韩英 高一轩 杨培君◎译 李欣泽◎审

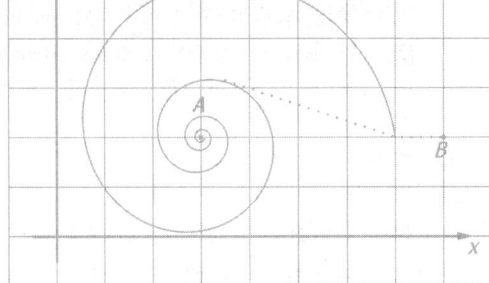

人民邮电出版社

北　京

图书在版编目（CIP）数据

算法思维训练：信奥大师的算法教与学秘籍 /
（斯洛伐）米哈尔·福里谢克（Michal Forišek），
（瑞士）莫妮卡·斯泰诺娃（Monika Steinová）著；王
津等译. -- 北京：人民邮电出版社，2025. --（图灵新
知）. -- ISBN 978-7-115-68004-4

Ⅰ. TP301.6

中国国家版本馆CIP数据核字第2025D50H18号

内 容 提 要

本书由国际信息学奥林匹克竞赛（IOI）科学委员会成员、IOI 出题人米哈尔·福里谢克参与创作，深入浅出地介绍了算法的基础知识和原理，帮助读者认识到算法不仅是理论上的概念，更是解决现实世界问题的有力工具。从第 2 章开始，每一章均配备了精心设计的问题和配套习题，书末附有习题解答。对于希望提升编程能力和备战信息学竞赛的师生而言，本书是一份宝贵的资源。

◆ 著　　　[斯洛伐克] 米哈尔·福里谢克（Michal Forišek）
　　　　　[瑞士] 莫妮卡·斯泰诺娃（Monika Steinová）
　译　　　王　津　冷学农　韩　英　高一轩　杨培君
　审　　　李欣泽
　责任编辑　魏勇俊
　责任印制　胡　南

◆ 人民邮电出版社出版发行　　北京市丰台区成寿寺路11号
　邮编　100164　电子邮件　315@ptpress.com.cn
　网址　https://www.ptpress.com.cn
　涿州市京南印刷厂印刷

◆ 开本：787×1092　1/16
　印张：6.5　　　　　　　　　2025 年 9 月第 1 版
　字数：123 千字　　　　　　2025 年 9 月河北第 1 次印刷
　著作权合同登记号　图字：01-2025-3035 号

定价：39.80元
读者服务热线：(010)84084456-6009　印装质量热线：(010)81055316
反盗版热线：(010)81055315

前 言

动机

> 费曼（Feynman）是一位真正卓越的教育家。他以能够构思出方法，向初学者阐明哪怕是最深奥难懂的概念而感到自豪。有一次，我向他提出请求："请您向我解释一下，为何自旋为半整数的粒子会遵循费米－狄拉克统计。"费曼在评估了我的理解能力之后，自信地说："我会准备一场面向大一新生的讲座来阐释这个问题。"然而，几天后他带着遗憾对我说："我做不到。我无法将其简化到大一新生能够理解的程度。这表明我们对这个问题的理解还不够透彻。"
>
> ——戴维·L. 古德斯坦（David L. Goodstein）

上述引文恰如其分地阐述了我们对教育的理解。我们坚信，能够以简洁明了的方式阐释一个概念，是对其理解达到深刻层次的明证。若对某一概念缺乏深入了解，便无法用（相对）浅显的语言去解释它。这一观点适用于所有领域，尤其是科学领域。

在科学界，科学研究有时会催生新的发现，这些发现继而会激发一系列新的成果。这些成果不仅推动了知识边界的拓展，还填补了初始发现周围的空白。即便所有这些空白都已被填补，继续进行研究依然具有价值。这一阶段的研究目标是尽可能地简化结果：寻找更为系统的方法，发现描述和展示结果的最简洁的方式，以及找到最简单的证明方法……简而言之，就是提炼出其核心本质。这一阶段的研究带来了两大益处。首先，它具有纯粹的科学价值，即更深入地理解该主题，这通常能让研究人员发现最初结果中未被察觉的模式，或者对结果进行推广或以其他方式加以改进。其次，它对教育具有重要意义。我们对正在发生的事情理解得越深刻，就越容易向下一代研究人员传授知识，从而加速研究的进展。

新颖、先进的观察方法的出现极大地推动了人类的进步，这样的例子在科学史上比比皆是。以欧几里得几何为例，它在几个世纪中几乎停滞不前，直到勒内·笛卡儿引入了坐标系。这一革命性的发现催生了解析几何学——突然之间，我们开始理解几何、代数和数论之间的深刻联系。正是通过这种联系，人们最终证明了无法仅用圆规和直尺将一般角度三等分。紧接着是一个巨大的飞跃：复数被引入。在解析几何中，复数可以简洁地表示角度和旋转。实际上，复数（以及更广泛的四元数）至今仍然频繁地应用于现代计算机图形学中，用于处理类似的问题。

以上只是举了我们比较喜欢的一个例子，实际上我们可以轻松地列举出数百个类似的例子。这些例子均源自一个更深层次的原则：我们的思维方式受限于所使用的语言。一种更先进的语言能够让我们更高效地处理已知信息，并且它还有助于我们理解和探索那些曾经过于复杂的系统。

> 尽管身为无神论者，匈牙利数学家保罗·埃尔德什（Paul Erdős）却曾提及一本虚构的书，书中记录了上帝所撰写的全部最精妙的数学证明。每当埃尔德什对某个证明赞不绝口时，他便会赞叹道："这一定是来自那本书的！"
>
> ——约翰·弗朗西斯（John Francis）

我们完全赞同这一看法。实际上，作为计算机科学家，我们更倾向于进一步强调：这本神奇的书应该还有第 2 卷——它应包含所有最精妙的算法。遗憾的是，我们也深知为何埃尔德什会将作者身份归于"上帝"——编写这样一本书的任务是凡人永远无法完成的。而我们所说的第 2 卷甚至更难以编写。

许多研究者（尤其是数学家）将计算机科学视为数学的众多分支之一。我们基本上同意这种观点。然而，计算机科学领域拥有其独特的特点，其中一个特点在算法设计中尤为显著。

在数学领域，证明方法不存在优劣之分。一旦证明被提出，相应的定理便得到了证实。诚然，某些证明因简洁、直观且富有启发性而备受推崇，而另一些证明可能显得冗长、复杂，充斥着特殊情况，一点儿也不优雅。然而，无论证明的形式如何，只要能证明定理的正确性，它就是有效的。[①] 然而，当我们从证明数学定理转向算法设计时，会进入一个全新的维度：效率。算法不仅有美有丑，有简单有复杂，我们还必须考虑其时间复杂度。通常，找到解决特定问题的算法并非终点——仍有可能发现另一

---

① 实际上，这并不完全正确。例如，区分构造性证明和非构造性证明是有意义的。

个更好的算法。[①]

请不要误解，虽然优雅和效率之间存在很强的正相关性，但它们仍然是两个非常不同的方面。例如，考虑用于计算图中所有顶点对之间最短路径的 Floyd-Warshall 算法。

```
// Floyd-Warshall 算法:
for i in 1..n:
  for j in 1..n:
    distance[i][j] = edge_length[i][j]（如果i=j则为0,如果没有这样的边则为无穷大）
for k in 1..n:
  for i in 1..n:
    for j in 1...n:
      distance[i][j] = min( distance[i][j], distance[i][k] + distance[k][j] )
```

对于我们认识的大多数计算机科学家来说，这种极致的简约性使这个算法成为最美丽的算法之一。当然，现在我们已经知道有多种更高效的算法可以解决同样的问题。例如，将问题简化为特殊矩阵乘法的算法，甚至还有 Moffat 和 Takaoka 提出的一种随机化 $O(n^2 \log n)$ 算法。[②] 但这些算法中哪一个更美呢？我们把决定权留给你。

本书的作用

本书描述了多种算法，但并不旨在成为一本算法教材。

对算法感兴趣的学生应该能阅读本书。然而，本书的受众不仅限于这些学生，还有他们的老师。

> 教师是唯一一个我们尚未开发出工具来使普通人能够胜任的主要职业。在教学领域，我们依然依赖于"天生的教师"，也就是那些似乎天生就懂得如何教学的人。
>
> ——彼得·F. 德鲁克（Peter F. Drucker）

没有任何一本书能够将一个门外汉转变为一位杰出的教师。然而，亲爱的读者，假设你是一名计算机科学教师，你很可能与我们一样，已经投入数月的时间去寻找那些能够提升你的教学水平的资源。如果本书能够成为你的实用指南，并在你终身学习的旅程中略尽绵薄之力，我们会感到无比欣慰。

[①] 什么是更好？通常，算法的时间复杂度的渐近行为决定了一个算法是否更好。然而，在实际应用中，很多情况下实际执行速度和 / 或代码简洁性也很重要。

[②] 根据 ISO 80000-2: 2019 "Quantities and units – Part2: Mathematics"，$\log_a x$ 的底数若无须注明，则可省略不写，直接写为 $\log x$。——编者注

说我们的书是从上帝写的那本书中摘录的或许有些夸大其词，但我们已经竭尽全力使其有所相似。只有时间能够证明我们做得有多接近。

致谢

本书的部分内容最初以作者的研究论文"Metaphors and Analogies for Teaching Algorithms"的形式在 SIGCSE 2012 会议上发表。

本书之所以能够存在，要归功于斯洛伐克组织编程竞赛的社区。这个社区的成员包括斯洛伐克布拉迪斯拉发夸美纽斯大学的学生和教职员工。

这个社区最重要的国际活动是筹备一年一度的国际网络程序设计大赛（IPSC），这是一项在线竞赛，旨在突破传统编程竞赛的界限。2012 年的国际网络程序设计大赛共有来自 81 个国家和地区的 1306 支队伍注册参加。

除了国际网络程序设计大赛，我们的社区还负责举办斯洛伐克最重要的全国中学生编程竞赛——信息学奥林匹克竞赛，以及编程通信研讨会。我们每年为最优秀、最聪明的中学生组织两次夏令营。本书中呈现的大部分材料最初是为这些夏令营开发的，后来也在大学课程中得到应用。

没有这个社区的支持，我们便无法取得今天的成就。为此，也为了它对本书出版提供的帮助，我们要表示衷心的感谢。

米哈尔·福里谢克

莫妮卡·斯泰诺娃

斯洛伐克　布拉迪斯拉发

瑞士　苏黎世

2012 年 12 月

目 录

第 1 章

引　言

1.1　教育中的比喻

你可能已经从本书的英文书名中猜到了，我们将大量使用比喻和类比。首先，我们会定义一些基本术语，并通过几个例子进行说明。之后，我们将进一步探讨比喻和类比在教育领域的作用以及应用。

1.1.1　术语定义

在实际使用中，"类比"（analogy）和"比喻"（metaphor）这两个术语经常被误用。更糟糕的是，不同的群体对这两个术语的理解略有差异。例如，文学领域中的比喻与认知科学领域中的比喻就存在差别。我们在本书中更关注后者。

比喻

《柯林斯英语词典》[8] 给出了如下定义：

> 比喻：一种包含隐含比较的修辞手法，把通常用于描述某一事物的词或短语应用于另一事物（例如："夜幕"，"整个世界是一个舞台"）。

根据这个定义，几乎任何不使用字面意义的修辞手法都可以归类为比喻。实际上，在文学领域中情况往往如此。但对我们而言，这样的定义并无用处，因为它与我们在思考过程中使用比喻的方式毫无关联。

我们在认知语言学领域找到了一个更好的定义。下面我们给出基于 Lakoff 和 Johnson[15] 定义的比喻概念。

（概念性）比喻是一种认知过程，当主体试图通过一个不同的、已知的概念（源域，source domain）来理解另一个概念（目标域，target domain）时，这种认知过程就会发生。主体在源域和目标域之间建立一种概念映射，从而对目标域获得新的理解。

注意这里的区别。根据这个新的定义，前面词典的定义中给出的第一个例子并不能被归类为比喻。你实际上无法真正用你对幕布的了解来理解夜晚。而第二个例子"整个世界是一个舞台"仍可被视为比喻。

在计算机科学领域，比喻的一个贴切的例子是广度优先搜索中常用的术语"洪水填充"（flood fill）。任何学习算法的人都能立刻想象出洪水的情景。实际上，我们确实可以将该算法想象成一股水流，以相同的速度沿着所有可用的通道涌入。

计算机科学领域中另一个优秀的比喻例子是：拓扑排序可以通过"穿衣服"的比喻很好地引入。不同衣物之间存在许多非平凡的依赖关系。学生们可以轻松地构建出这些依赖关系的图，这也是测试该算法的一个好例子。直观的做法"先穿上任何你现在能穿的衣服"实际上可以转化为一个正确且高效的拓扑排序算法。

拟人

比喻中有一种值得单独提及的子类型：拟人化比喻（anthropomorphic metaphor，即 personification）。在拟人化比喻中，源域是一个活生生的人。

拟人化比喻在计算机科学家的日常口语中非常常见。例如，你很可能听过或使用过这样的表达："程序正在跑""编译器需要在这里看到一个分号"或"客户端机器会定期向服务器发出请求"。

类比

一旦我们决定采用更严格的比喻定义，就需要为原先定义中剩余的部分引入一个新的术语。根据认知语言学的惯例，我们称之为类比。更准确的说法如下。

类比是一种认知过程，主体将信息从一个特定对象转移到另一个对象。
"类比"一词也可以用作名词，描述两个特定对象之间的相似性。

举一个类比的例子：CPU 就像机器的大脑一样，它接收输入数据，进行处理，并产生输出。

根据我们的定义，每个比喻都是一种类比，但反之则不成立。在类比中，源对象只有部分属性被迁移到目标对象，这些属性可能会在类比中被明确指出。而在一个好的比喻中，目标对象和源对象应当在所有相关属性上都匹配，从而使我们能够根据源对象的信息推断出目标对象的信息。例如，"CPU 是大脑"这个类比就不是一个好的比喻——我们无法根据我们对人类大脑的了解来理解 CPU。在课堂环境中，这种不恰当的比喻可能会导致不必要的困惑。

抽象

抽象是一种过程，在这种过程中，主体通过观察多个具体对象中的模式，提炼出更一般、更高层次的知识。例如，伪代码（pseudocode）就是从多种命令式编程语言中抽象出来的。如果一个问题求解者发现特定的贪心算法（greedy algorithm）可以应用于足够多的具体问题，他可能会形成一种抽象：一种寻找贪心算法的策略。

知识的抽象化，在某种意义上是研究和教育领域共同追求的"圣杯"。一个著名的例子是鸡群中的啄序现象。一群鸡经常通过相互啄击来建立群体内部的秩序。这种啄击通常是不对称的——如果鸡 A 啄鸡 B，那么鸡 B 就不敢啄鸡 A。但令人惊讶的是，人们观察到这种关系并不一定具有传递性。例如，可能存在这样一个鸡群三元组：鸡 A 啄鸡 B，鸡 B 啄鸡 C，而鸡 C 却啄鸡 A。

然而，即使在存在这种非传递性行为的鸡群中，仍然有可能找到一种"线性啄序"，也就是说，可以将所有的鸡排成一个序列，使得每只鸡都啄序列中的下一只鸡。关于这一现象的实验证据最初是作为生物学研究成果发表的。然而，这种令人惊讶的现象最终被 Landau 的证明 [16] 所解释：事实上，这是一种与鸡群本身无关的数学上的必然结果。用图论的语言来说，Landau 证明了每个竞赛图（tournament graph）都包含一条哈密顿路径（Hamiltonian path）。

1.1.2 比喻作为教学工具

在一个非常简单和基础的层面上，学习的过程可以描述如下：学习就是试图用我们已经知道的东西去理解我们尚不知道的东西。从这个角度来看，好的比喻和类比是一种理想的教学工具：学生能够迅速掌握整体概念，并且他们理解新概念的努力也能得到过去经验的支持。

例如，在英语中，hot 一词的字面含义是温度高。然而，这个词也被用来描述辛辣的食物。这是一个类比被实际应用到日常用语中的例子,而且这是一个很好的类比:当一个孩子听到"加了辣椒的比萨真的很 hot"这句话后,他就能合理地想象出吃下一口后会发生什么。

请注意,我们并没有将这个例子归类为比喻。为什么呢?因为实际被转移的唯一属性是味觉。如果没有其他经验,上述例子中的孩子可能会等上十分钟,"让比萨冷却下来",然后再尝试去吃它。

过去研究的概述

如前所述,比喻和类比是学习陌生概念的重要工具。许多作者都认同,它们不仅可以用来传达新概念的相关属性,还能帮助建立新的概念结构——新的心智模型和新的抽象概念。关于类比和心智模型的更深入探讨,我们推荐参考文献 [10]。下面我们将概述与本书主题密切相关的过去的研究:比喻及其在教育中的应用,尤其是在计算机科学教育中的应用。

在我们的概述中,第一个想要探讨的话题是一个特别有趣的问题:在哪个教育阶段适合使用比喻?我们相信答案很简单——所有阶段。并不存在达到某个特定难度水平之后就必须停止使用比喻的内在理由。同样的道理也适用于另一个极端:从学生很小的年龄开始,就可以在教育中使用比喻。

当然,目前在计算机科学领域,有关比喻使用的文献大多出现在教授计算机科学基础知识的本科课程教材中。例如,有文献明确指出,初学编程的人往往对变量的概念感到困惑。像 x = x+1 这样的语句通常看起来毫无意义,而像 a=1; b=a+1; a=9 这样的指令序列也容易被误解(学生可能会错误地认为最后的结果是 b=10)。

解决这些问题的一种特别有效的方法,就是通过合适的比喻来介绍变量的概念[3],其中最著名的可能就是简单的"带标签的盒子"比喻——变量就是一个用来存储数值的盒子,你可以通过盒子上的标签来引用其中的值。然而,这并不是唯一的选择。另一个可用的比喻(适用于存储数字的变量)是"旅行者"比喻——变量是一个旅行者,它依次访问不同的数字位置。

在文献 [1, 22] 中,可以找到许多适合向小孩子(甚至学龄前儿童和小学生)教授计算机科学的优秀比喻和类比。对于大学预科和本科阶段,我们推荐文献 [11] 作为计算机科学的优秀入门读物。该书作者使用了一些比喻,例如在书的前几章中,就用烘焙蛋糕的过程来解释编程的概念。

在现有的计算机科学（以及计算机科学教学）文献中，针对简单概念的比喻比比皆是，而针对更复杂概念的比喻却明显缺乏。这种差异很容易解释：要设计出一个好的比喻，教育者必须在该特定领域拥有足够丰富的经验。而我们所考虑的概念越复杂，能够胜任的专家就越少。为了支持我们提出的"比喻可以应用于各个教育层次"的观点，我们在此提出两个成功应用于计算机科学研究生教育阶段的比喻案例。

第一个案例是"势能"和"存钱罐"的比喻[6]，这两个比喻都用于分析数据结构的摊还（amortized）时间复杂度。学生们通过物理学和会计学中熟悉的基本概念，更容易理解这一复杂的概念。

第二个值得注意的案例是"阿里巴巴的洞穴"（Ali Baba's cave）的比喻[17]，用于说明零知识证明背后的基本机制：证明者必须通过交互协议向验证者证明自己拥有某项知识，但同时旁观者无法从中获得任何关于该秘密知识的信息。

在本概述中，我们还应探讨的另一个问题是：使用比喻是否真的有帮助？在文献[2]中，作者提供了实证证据，支持了"良好的解释性类比在编程教学中是有用的"这一观点。根据作者的研究，好的类比具有清晰性和系统性。研究表明，这类类比对教育的各个方面都有积极影响，包括程序理解、程序编写以及完成给定任务所需的时间。

Woollard 的博士论文[21]关注了比喻在计算机教学中的作用。在论文中，作者尝试将比喻的使用划分为几种不同的形式，其中最突出的形式是叙述性主题，即一个对象、功能或系统通过"披着"另一个更为熟悉的对象的"外衣"来描述。比喻的其他使用形式还包括算法、模型、图表和角色扮演。作者还分析了比喻使用的各个方面，并在结论中提出了未来研究的方向，以确定特定比喻策略的有效性和效率。

在文献[20]中，作者提出了一些视觉比喻，用于表示简单的编程概念（例如数据类型、变量、文件等）。研究表明，这些比喻能够加快学生的学习进程，并提高他们对程序作为结构化对象的理解能力。

根据文献[5]，计算机科学是一个特殊的领域。计算机科学比喻的运作方式并不完全符合现有的通用比喻理论。计算机科学比喻提供了一种理解框架，使人们得以定位在计算环境中不断涌现的新概念。作者认为，这些比喻在学习、设计和科学分析中具有独特的作用。计算机科学比喻利用了计算领域与传统领域之间既有的和新兴的相似性。

使用比喻时的注意事项

在教育中使用比喻和类比时，需要注意的一点是，它们对跨文化因素非常敏感。Keränen 在文献 [14] 中讨论了在计算机科学教育中使用比喻时涉及的各种跨文化问题。Duncker 在文献 [9] 中详细描述了一个具体案例，即新西兰毛利原住民难以理解图书馆这一比喻，因为它与毛利人的生活经验和生活方式相距甚远。Duncker 还简要讨论了其他带有文化偏见的比喻，例如北美邮箱上用旗子表示有新邮件要寄出的比喻。

另一个问题，尤其是在技术领域值得关注的问题，是某些比喻中存在的性别偏见。例如，"汽车类比"在工程类课程和教材（如文献 [4]）中经常使用。根据我们的经验，这类类比对女性学生而言往往不太有效。

比喻带来的另一个困难在于，目标概念与源概念之间永远无法完全匹配。内在的风险是，学习者可能会利用比喻对目标概念做出错误的推断。这种推断非常危险，因为学习者通常对这些推断抱有很强的信心。即使使用的是好的比喻，教育者也必须预见到这种风险，并采取措施将其降低。

这一点在教育中经常被忽视。我们在后续章节中将展示，许多教师和教材作者乐于使用比喻（例如文献 [13] 及其他许多教材中所用的"将队列数据结构想象成商店里的结账队伍"），却没有考虑到这些比喻的缺陷，其中一些比喻实际上存在根本性的缺陷——它们会导致学生对新概念的重要方面产生错误的理解。在这种情况下，我们强烈建议使用清晰明确的类比而非比喻来介绍新概念。

最后，我们想指出的是，尽管比喻是一种很好的工具，但绝不能完全依赖它。即使某个比喻看起来非常贴切，但在后续遇到一些更微妙的情况时，仅仅通过比喻来理解概念有时会导致错误的结论。Spolsky[18] 引用了几个著名的例子，说明简单的比喻在某些意想不到的情况下会失效，其中一个典型的例子就是二维数组（表格）。

二维数组是一种基本的数据结构，在许多编程语言中可用。它是一种数学抽象，使我们能够以有逻辑的方式组织二维数据。对于大多数基本用途，我们可以将这种数据结构想象成纸上由单元格组成的网格。

然而，请注意，"二维数组"和"表格"这些名称仅仅是比喻，而非对实际情况的准确描述。它们与数据在物理内存中的实际存储方式并无共同之处，而这种差异有时会产生实际影响。

例如，假设程序员需要遍历存储在这种数组中的所有元素。如果仅凭比喻来思考，程序员可能会得出一个显而易见（但错误）的结论，即按行优先顺序遍历与按列优先顺序遍历应该是一样的。在数学抽象层面，这显然是等价的——每个元素都只处理一次。但在计算机程序中，情况并非如此：由于缓存机制的存在，按行优先顺序遍历通常比按列优先顺序遍历快一个数量级。（按照数据在物理内存中的实际存储顺序处理数据会更快。）

这个例子强调了需要使用其他技术来补充基于比喻的解释。Spolsky 得出的结论是，尽管我们拥有越来越高级的编程工具和越来越好的抽象概念，但要成为一名熟练的程序员变得越来越困难。

1.2　比喻与计算机

在开始讨论计算机科学中更复杂的比喻之前，我们先介绍一些基于简单例子的观察。具体而言，在本节中，我们将讨论与计算机使用相关的一些基本比喻，并借此说明有瑕疵的比喻可能带来的风险。

打开计算机，你立刻就会遇到比喻。事实上，几乎所有常见的用户界面都使用比喻，以便让界面对初学者而言尽可能易于理解。首先，你有一个桌面，你可以在上面将文件组织到文件夹中。这些并不是真正意义上的文件和文件夹，你的计算机里也并不存在一张真正的桌子，但过去对这些物理对象的经验，使得新用户能够推断出这些新的虚拟对象的作用。

文件夹这个比喻尤其值得关注。在最初的分层文件系统中，这个对象通常被称为目录（directory 或 catalog）。这些也是比喻，但目的有所不同。目录这一比喻强调的是工程师所关注的属性——文件系统中相应的记录包含了位于层级结构中对应位置的文件列表（可能还包括子目录）。文件夹（由早期发布的 Windows 系统推广开来）这一名称则面向最终用户，清晰地表明文件夹是一个可以容纳其他对象（主要是文件）的对象。对最终用户而言，"目录"这个名称实际上可能会令人困惑，因为他们无法将现实生活中的目录与计算机中的目录联系起来。

有些比喻显然是有效的。例如，菜单（menu）列出了可用的选项，让你可以阅读并选择你想要的项目。书签（bookmark）的作用与现实中的书签完全相同，可以快速带你回到之前标记的位置。复选框（check box）就像你用笔填写表格时勾选的方框一样。

需要注意的是，比喻本身并不存在绝对的好坏。例如，有些比喻可能会随着时间的推移而过时。它们过去可能是合适的，但现在情况已经发生了变化。一个例子就是单选按钮（radio button）——表单中的这类控件允许你从给定选项中选择一个。我们对学生（年龄在 20 岁及以下）的调查显示，他们中的许多人只是在某个时候了解到"这些东西叫作单选按钮"，仅此而已。对他们来说，这根本不是一个比喻，因为他们并不清楚这个比喻所指向的原始概念。

单选按钮的英文名称源自旧式收音机，这种收音机上有一排实际的物理按钮，按下其中一个按钮时，其他按钮就会自动弹出，因此任何时候只能有一个按钮处于按下状态。对于创造这个比喻的那一代人来说，这个比喻是有效的。但对于新一代人来说，收音机只是智能手机上的一个应用程序，这个比喻就完全不起作用了。

这说明了我们之前提到过的一个更普遍的原则：所有的比喻实际上都带有文化偏见。许多在一种文化中看似基本的概念，在其他文化中可能不存在或有所不同。因此，一个在某种文化中恰当而贴切的比喻，在世界其他地区的文化中可能毫无用处。

另外需要注意的是，并非所有旧词被赋予新含义的情况都一定是比喻。一个典型的例子是鼠标（mouse）这个设备的名称，它的命名纯粹是因为鼠标与老鼠外形相似。用户从未被期望将鼠标与真实的老鼠联系起来思考。

在前一节中，我们简要提到了有缺陷的比喻及使用它所带来的风险。在日常的计算机使用中，我们可以发现许多比喻对用户来说是令人困惑的（有时甚至是危险的）。例如，多年来，在 macOS（OS X 之前的版本）中，弹出 CD-ROM 驱动器的一种常见方式是将其图标拖到垃圾桶中。"桌面"和"垃圾桶"的比喻如此形象，以至于许多用户在"将 CD 拖到垃圾桶"时会担心丢失数据[12]。Stephenson[19]给出了另一个有缺陷比喻的例子，这个比喻如此普遍，以至于熟练的计算机用户甚至没有意识到它是一个比喻："文档"（document）和"保存"（save）这两个词。在现实世界中记录（document）某件事时，我们会创建固定的、永久的、不可更改的记录，但计算机中的文档是可变的。此外，如果在现实生活中"保存"（save）某物，我们会保护它免受伤害。但每当你在计算机上点击"保存"时，你实际上摧毁了文档的前一个版本，也就是你之前所谓"保存"过的版本。①

---

① 对于这个特定的比喻，情况正在逐渐好转——一些现代工具已经能够自动保存你的文档，并且实际上存储了整个编辑历史，因此文档的每个状态实际上都被保存了下来，这才是"保存"一词的原始含义。

在计算机科学的各个领域，我们也能发现类似的有缺陷的比喻。例如，在 4.1 节中，我们详细讨论了队列（queue）数据结构。在该讨论中，我们指出流行的"超市结账队伍"比喻存在根本性的缺陷，应当避免使用或者至少谨慎使用，仅作为一种类比。

另一个经常使用但存在缺陷的比喻是俄罗斯套娃（Matryoshka）。这种套娃通常被用作两个不同概念的比喻：递归和数据结构的嵌套[7]。根据我们的经验，这两种用法都存在问题。在递归方面，主要的问题在于每个套娃总是最多只包含一个更小的套娃——这有时会造成一种错误的印象，即一个函数只能进行一次递归调用。在嵌套数据结构方面，这个比喻引起的主要误解是，这些结构必须是同一类型的。

1.3　如何阅读主要章节

在本书的各章中，我们讨论了一系列来自计算机科学不同领域的主题。为了提高可读性，我们尝试以大致相同的结构来介绍每个主题。下面我们将解释这种结构以及我们选择这种结构背后的意图。

概述。我们通常会首先对主题进行简要概述。在这里，我们定义问题，并提供理解后续各章所需的最少背景知识。

在某些情况下，问题及其解决方案的"传统"表述方式可能包含各种陷阱。在适用的情况下，我们也会指出这些陷阱。

比喻。这是核心部分，我们将在此提出我们的比喻，并展示如何使用它来教授相关主题。

分析。我们将从科学的角度探讨该主题。如有必要，我们会补充从比喻到完整解决方案所需的细节。随后，我们将对该主题进行更深入的分析，讨论目前已知的最佳解决方案，并引用相关研究文献。

经验。在可能的情况下，我们还会单独提供一个部分，包含对教师有帮助的教学提示，以及我们在课堂环境中使用当前所讨论的比喻的经验总结。

习题。我们总是通过提供若干相关习题来结束一个主题。好的习题具有两个作用：对学生而言，它们提供了应用新获得知识的机会；对教师而言，学生在解决习题时的表现可以作为判断他们是否真正深入理解了当前所讨论主题的指标。

参考文献

1. Bell, T., Fellows, M.R., Witten, I.: Computer Science Unplugged... Off-Line Activities and Games for All Ages. Cited 8 Dec 2012

2. Chee, Y.S.: Applying Gentner's theory of analogy to the teaching of computer programming. Int. J. Man Mach. Stud. 38(3), 347–368 (1993)

3. Chiu, M.M.: Metaphorical Reasoning: origins, uses, development and interactions in mathematics. Educ. J. 28(1), 13–46 (2000)

4. Cohoon, J.P., Davidson, J.W.: C++ Program Design: An Intro to Programming and Object-Oriented Design, 3rd edn. McGraw-Hill, Boston (2002)

5. Colburn, T.R., Shute, G.M.: Metaphor in computer science. J. Appl. Logic. 6(4), 526–533 (2008)

6. Cormen, T.H., Leiserson, C.E., Rivest, R.L., Stein, C.: Introduction to Algorithms, 3rd edn. MIT Press, Cambridge (2009)

7. Danzig, N.: Introduction to computer science—C++. Cited 8 Dec 2012

8. Dictionary.com: Collins English Dictionary—Complete & Unabridged, 10th edn. Harper-Collins Publishers, New York (2012). Cited 8 Dec 2012

9. Duncker, E.: Cross-Cultural usability of the library metaphor. In: Proceedings of the 2nd ACM/IEEE Joint Conference on Digital Libraries (JCDL 2002), pp. 223–230. ACM (2002)

10. Gentner, D., Stevens, A.L. (ed.): Mental Models. Lawrence Erlbaum Association, Hillsdale (1983)

11. Hromkovič, J.: Algorithmic Adventures. Springer, Berlin (2009)

12. Hübscher-Younger, T.: Understanding algorithms through shared metaphors. In: Proceedings of the CHI 2000 Conference on Human Factors in Computing Systems (CHI 2000), pp. 83–84. ACM (2000)

13. Keogh, J.E., Davidson, K.: Data Structures Demystified. McGraw-Hill, New York (2004)

14. Keränen, J.: Using metaphors in computer science education—cross cultural aspects. Tech. Rep., CS Department, Univ. of Joensuu (2005)

15. Lakoff, G., Johnson, M.: Metaphors We Live By. University of Chicago press, Chicago (2003)

16. Landau, H.G.: On dominance relations and the structure of animal societies III. The condition for a score structure. Bull. Math. Biophys. 15(2), 143–148 (1953)

17. Quisquater, J.J. et al.: How to explain zero-knowledge protocols to your children. In: Proceedings of the 9th Annual International Cryptology Conference (CRYPTO 1989), pp. 628–631. Springer (1989)

18. Spolsky, J.: The Law of Leaky Abstractions. Joel on Software. (2002). Cited 8 Dec 2012

19. Stephenson, N.: In the Beginning was the Command Line. Harper Perennial, New York (1999)

20. Waguespack, L.J., Jr.: Visual metaphors for teaching programming concepts. In: Proceedings of the 20th Technical Symposium on Computer Science Education (SIGCSE 1989), pp. 141–145. ACM (1989)

21. Woollard, W.J.: The rôle of metaphor in the teaching of computing; towards a taxonomy of pedagogic content knowledge. Ph.D. Thesis, London (2004)

22. Yim, K., Garcia, D.D., Ahn, S.: Computer science illustrated: engaging visual aids for computer science education. In: Proceedings of the 41th Technical Symposium on Computer Science Education (SIGCSE 2010), pp. 465–469. ACM (2010)

第 2 章

图算法

2.1 图中的单源最短路径

2.1.1 概述

可能最有用的图算法是计算从给定顶点 A 到给定顶点 B 的最短路径。除了"从城市 A 到城市 B 最快的旅行方式是什么"这样明显的应用场景，这种算法问题还出现在许多意想不到的地方。

例如，想象一下著名的魔方玩具：一个 $3 \times 3 \times 3$ 的立方体，每个面都涂上了颜色。这个难题可以被建模为一个图问题：大约 4.3×10^{19} 种不同的魔方状态，每一种都可以看作一个巨大的图中的一个顶点。图中的边代表有效的转动方式。当我们试图求解一个给定的魔方时，实际上是在寻找一条路径，从代表当前魔方状态的顶点到代表已解决状态的顶点。最短路径对应的就是需要最少转动次数的解法。

当然，我们也可以反过来进行搜索。如果我们从代表已解决状态的顶点开始，可能会对通往所有其他顶点的最短路径感兴趣，尤其是那些距离最远的顶点。从某种意义上讲，这些顶点代表了最难解决的魔方状态。

从起始顶点到这些"最难解决"顶点的距离问题，可以简单地用语言表述为："求解任意一个魔方所需的最少转动次数是多少？"

要探索这样规模的图似乎是不可能的——仅仅显式存储它就需要接近 1 泽字节（10^{21} 字节）的空间。然而，2010 年 Rokicki 等人 [15] 利用数学方法和巧妙的算法组合，缩减了搜索空间，然后花费了 35 个 CPU 年（在计算机集群上计算了几周）来搜索图中剩余部分的最短路径。结果是什么？最困难的配置恰好需要 20 步。

最短路径问题有很多变体。在前面的例子中，图是有向的（但具有对称性，因为每一步都有相应的一步来撤销它），并且所有边的长度都是单位长度。

在最一般的版本中，图可以是任意的（比如它可能是有向的，可能包含重复边和自环），并且边的长度可以是任意实数——甚至在某些情况下可能出现负长度。图中存在负长度的边本身并不是问题。然而，一旦图中包含了负长度的环（即环中所有边的长度之和为负），那么寻找某些顶点之间的最短距离就变得毫无意义了。更准确地说，只要存在顶点 u 和 v，使得从 u 到 v 的路径经过了一个负环，我们就可以找到一条从 u 到 v 的任意小长度的路径——只需通过多次遍历负环来延长路径即可。每绕负环一圈，路径的总长度就会减小一个固定值。

在实际应用中，边的长度为负值的实例非常少见。在大多数实际情况中，所有边的长度都是正数。因此，在本节中，我们假设所有边的长度都是正数。[①]

> **图中的单源最短路径**
>
> **问题实例**：一个具有正边长的（有向或无向）图，以及一个源顶点 s。
>
> **问题描述**：找到从 s 到图中所有顶点的最短路径（如图 2-1 所示）。

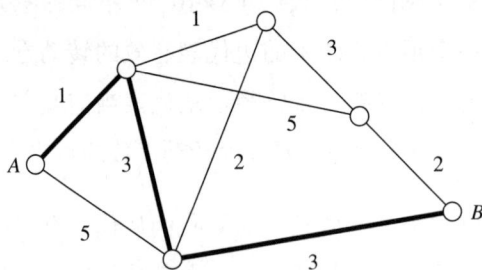

图 2-1　一个具有正边长的无向图，以及一条从 A 到 B 的最短路径

著名的 Dijkstra 算法是解决该问题的经典算法之一。由于该算法存在许多变体，因此我们在下一段中只给出一个简要的参考描述。关于 Dijkstra 算法的正确性和效率的详细内容，请参阅文献 [6] 或任何其他标准教科书。

---

① 实际上，我们只需假设边长为非负数即可，该算法在某些边长为零的情况下也适用。不过，这只是一个微不足道的细节，为了更好地配合我们的比喻，我们更倾向于严格为正的边长。

Dijkstra 算法的输入是一个具有正边长的图，以及一个标记的起始顶点 s。该算法计算从顶点 s 到图中其他每个顶点的最短路径长度。算法的执行过程如下。设顶点 v 的最佳已知距离为从顶点 s 到 v 的已知最短距离。这些值存储在数组 D 中，每当发现到 v 的更短距离时，就更新 $D[v]$ 的值。初始时，所有的 $D[v]$ 都是无穷大，除了 $D[s]=0$。每个顶点 v 处于两种状态之一：已完成（意味着 $D[v]$ 已确定）或活跃。初始时，所有顶点都是活跃的。算法随后重复以下步骤。

1. 令 u 为具有最佳已知距离值的活跃顶点，即距离顶点 s 最近的活跃顶点。
2. 顶点 u 变为已完成状态，因此 $D[u]$ 确定为最终值。
3. 对于每条边 uv：如果从 s 经由 u 到 v 的路径比当前的 $D[v]$ 更短，则更新 $D[v]$。（新路径的长度为 $D[u]$ 加上边 uv 的长度。）
4. 如果仍有活跃顶点，返回步骤 1 继续执行。

2.1.2 比喻

与最短路径问题相关的一个著名比喻是小球与绳子的比喻（见图 2-2）。图中的每个顶点对应一个小球，这些球由长度与边的长度成比例的绳子连接。例如，提到这一比喻的一本教科书是文献 [7]，但该比喻并未在算法的讲解中被积极使用。

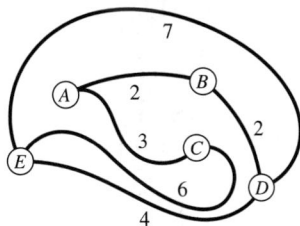

图 2-2　图的小球-绳子模型：球对应顶点，绳子对应边，绳子的长度与图中边的长度成比例

一个著名的用小球-绳子模型来解释最短路径的方法如下。为了找到 s 和 t 之间的最短路径，只需抓住对应的两个球并试图将它们拉开。当某些连接球的绳子被拉紧时，这个过程就会停止。这时两个球之间的距离对应于 s 和 t 之间最短路径的长度，而被拉紧的绳子则构成了最短路径。

我们现在将展示如何通过引入重力来扩展这个比喻。这种扩展将带来多个好处。

❑ 上述过程只适用于单源单目标版本的问题。我们的比喻则适用于单源所有目标版本。

- 我们的比喻清晰地展示了所有单源最短路径的样子。

- 最重要的是，使用我们的新比喻，可以轻松地描述一个物理过程，这个过程直接对应于 Dijkstra 算法的内部运作过程。整个算法都可以轻松地用球和绳子的比喻来解释（并进行推理）。我们注意到，类似的洞察也可以启发新的算法设计，例如文献 [13] 中所述。

球、绳子与重力

为了引入我们的比喻，需要做的改动非常简单：我们不是拉开一对球，而是将图的小球－绳子模型悬挂起来，以对应于 s 的球作为悬挂点。对于图 2-2 所示的图，这种做法的结果如图 2-3 所示。

通过这种非常简单的方式，我们已经成功地将比喻推广到了单源所有目标的最短路径问题：重力同时将所有小球从 s 拉开。一旦模型稳定下来，对于其他每个小球来说，s 和该小球之间必然存在一系列被拉紧的绳子，否则重力会将该小球进一步向下拉。很容易看出，被拉紧的绳子集合恰好对应了图中从 s 到其他顶点的所有最短路径中的边。

图 2-3 图 2-2 中图的一个小球－绳子模型，悬挂在小球 A 上。被拉紧的绳子对应了从 A 到所有其他顶点的最短路径中的边（图中，为了便于观察，被拉紧的绳子稍微偏离了竖直方向。实际情况下，这些绳子应当是竖直的）

因此，为了找到从 s 到所有其他顶点的最短距离，只需确定模型悬挂在对应于 s 的小球上，在稳定状态下的样子。如果我们真的拥有这个物理模型，只需将其挂在墙上观察一下，就能得到所有的答案。

添加新的绳子

我们稍后将描述一个简单的物理过程，不是一次性将整个模型挂在墙上，而是通过逐步的小增量来构建模型。最终结果将与上述情况相同：我们将得到整个图的小球－绳子模型，以对应顶点 s 的小球为悬挂点挂在墙上。但在描述实际构建过程之前，我们首先做两个简单的观察。

假设我们已经有一个小球－绳子的模型挂在墙上。想象一下，你现在要在其中两个球之间添加一根新的绳子。显然，这样做永远不会将某个球向下拉得更远——由于重力作用，每个球在任何时候都已经处于尽可能低的位置。只有两种可能的情况：如果绳子足够长，它连接的两个球都会保持原位不动；如果绳子较短，它会将位置较低的那个球从当前的高度向上拉起。

我们稍后还需要用到另一个观察结论：添加一根新的绳子不会影响到它所连接的两个球之上的任何部分。这一点很明显，这同样要归功于我们从物理学中获得的直觉。

逐步构建模型

下面我们解释逐步构建模型的步骤。对于图 2-2 所示的图，其构建过程的所有步骤都在图 2-4 的子图中展示出来。建议读者一边阅读解释，一边参考对应的子图。

初始化。 我们首先将代表起始顶点的球固定在竖直墙面的顶部。（在我们的示例中，源顶点 s 对应于球 A。这个球被固定在图 2-4a 中墙面的顶部。）

增量构建。 然后我们从上到下处理模型。每当遇到一个球 U 时，我们就添加所有应该连接到球 U 但尚未连接的绳子。这些绳子的另一端也会连接到相应的球上。（例如，在图 2-4b 中，当处理球 A 时，我们向球 B 和 C 添加了新的绳子。）通过这种方式，新的球可能会被连接到模型上，而已有的球可能会连接更多的绳子。

增量算法的性质

完整性。 我们需要证明上述过程确实能够构建整个模型。（更准确地说，如果原始模型是不连通的，我们将构建包含起始球的整个连通分量。）

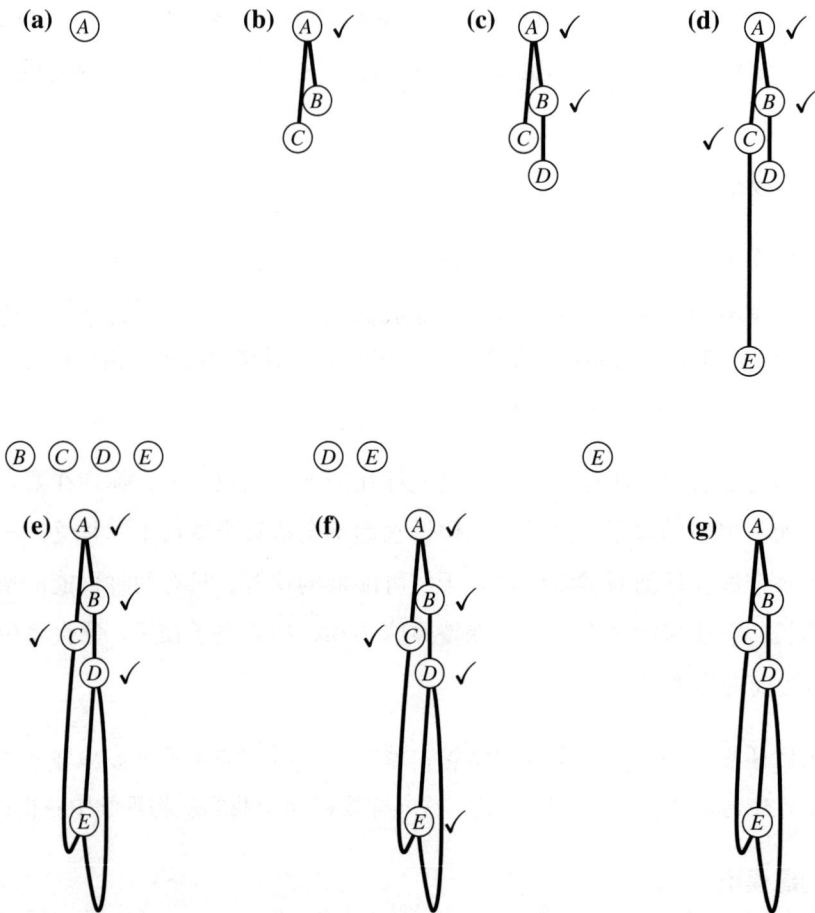

图 2-4 构建图 2-2 所示图的各个步骤。需要特别注意的重要步骤如图 2-4e 所示：当球 D 处理完成并添加了连接 D 和 E 的新绳子时，球 E 被向上拉起——球 E 与球 A 之间的距离减小了

(a) 起始状态：球 A 固定在墙上，其他球放在地面上。

(b) 处理 A：A 处理完成，球 B 和 C 连接到 A。

(c) 处理 B：B 处理完成，球 D 连接到 B。

(d) 处理 C：C 处理完成，球 E 连接到 C。

(e) 处理 D：D 处理完成，通过连接到 D 的新绳子，球 E 被向上拉起。

(f) 处理 E：E 处理完成，没有添加新的边。

(g) 最终结果：墙上完整的小球 - 绳子模型。

我们只需证明，每个被加入模型的球都会在之后的某个时刻被处理。一旦确定了这一点，就可以得出结论：模型中包含了最初的球、它的所有邻居、邻居的邻居，以此类推。

假设我们正在处理某个特定的球 U。在这一步骤中，我们可能会将某个新球 V 连接到正在构建的模型中。（在我们的示例中，这种情况发生在图 2-4b ～图 2-4d 中。）此时，新加入的球位于当前正在处理的球的下方，因此我们预期它会在未来的某个时刻被处理。

只有一种理论上的可能性会导致球 V 不被处理，即当我们处理其他某个球 W 时，球 V 被提升到 W 的上方。但这种情况显然是不可能的：在处理球 W 时，我们添加的所有绳子的两个端点都位于 W 所在的高度或更低的位置。因此，通过添加这样的绳子，我们显然无法将球 V 提升到 W 的上方。

终态确认。在逐步构建的过程中，一旦我们处理完一个球并将其标记为最终状态，这个球就会一直保持在当前位置。这一点可以直接从上述观察中得出：当某个球 U 被标记为完成后，所有后续添加的球和线段都将位于 U 的下方。这些添加的内容不会以任何方式影响 U —— U 不会再向下移动，而新添加的球和绳子显然也无法将 U 向上提升。

最终形状。小球 - 绳子模型的最终形状仅由绳子的长度决定。正如我们所知，（对于连通图）逐步构建的过程将建立整个模型，因此最终模型的形状与我们一次性将其挂在墙上时完全相同。换句话说，一旦我们完成模型的构建，所有球当前的深度就表示了所需的最短路径长度。

（在我们的示例中，图 2-4g 所示的最终状态与图 2-3 所示的模型完全相同。）

与 Dijkstra 算法的联系

最后，我们将展示逐步构建模型的过程在大多数方面直接对应于 Dijkstra 算法（如 2.1.1 节中所述）。

- 将初始球固定在墙的顶部对应于 Dijkstra 算法的初始化：起始顶点的距离被设为 0。
- 从上到下处理球的顺序精确对应于 Dijkstra 算法按照与 s 距离递增的顺序处理顶点的方式（步骤 1）。
- 从当前球 U 向另一个尚未处理的球 V 添加一根绳子，代表了 Dijkstra 算法步骤 3 中对边 uv 的考虑。

这种对应关系还要更深。具体而言，可考虑以下对应关系。

- 第一次发现一个新顶点对应于该球首次被连接到模型悬挂部分的时刻。
- 当添加一根会松弛下垂的绳子时，各个球的深度不会改变。但当添加一根较短的绳子时，我们会将更深处的球向上拉。这正是算法第 3 步中某个最短距离被更新的时刻。

还要注意，在这种情况下，我们总是只提升一个球——因为这个球尚未被处理过，其下方没有其他球悬挂。

- 添加新的绳子永远不会将球向下拉。当我们向图中加入新的边时，最短路径的长度只可能减小。
- 一旦一个球被处理完毕，模型中所有的变化都发生在该球的下方，因此它的深度永远不会改变。这正是我们用来证明 Dijkstra 算法正确性的推理：一旦一个顶点 v 被标记为已完成，它的值 $D[v]$ 就是最终值，因为它不可能再通过任何未完成的顶点得到改进。

2.1.3　分析

有许多不同的算法可以用来寻找从单一源顶点到图中所有其他顶点的最短路径。这些算法的时间复杂度和空间复杂度取决于给定图的性质：我们用 n 表示图中顶点的数量，用 m 表示边的数量。

如果图是无权的，最快的算法是简单的广度优先搜索，其时间复杂度为 $O(n+m)$。

在最常见的情况下，如果边的长度是任意非负实数，Dijkstra 算法是最佳选择。在最简单的实现中，使用邻接矩阵存储边，其时间复杂度为 $O(n^2)$。如果图比较稀疏，并且使用邻接表存储边，则时间复杂度可降至 $O(m\log n)$。如果使用斐波那契堆，时间复杂度可以进一步降低到 $O(m+n\log n)$。

一旦允许边的长度为负数，Dijkstra 算法就不再适用。（在这种情况下，Dijkstra 算法的一些实现可能会给出错误的结果，另一些实现可能需要指数级的时间，甚至在存在负长度环路时可能永远无法终止。）

当存在负权边时，可以使用 Bellman-Ford 算法来检查图中是否存在负长度环路，并在从源顶点无法到达负长度环路的情况下计算单源最短路径的长度。该算法同样基于动态规划技术，并且在分布式环境中也能高效实现。该算法的时间复杂度为 $O(nm)$。

上述所有算法也适用于有向图。此外，如果一个有向图不包含任何环路，我们可以使用类似拓扑排序的动态规划算法来计算图中的单源最短路径，即使边的长度是任意的（可能为负数）。这种方法的时间复杂度为 $O(n+m)$，在这种情况下优于 Dijkstra 算法。

有关路径搜索图算法更详细的综述和分析，请参见文献 [6]。

2.1.4 经验

根据我们的经验,这个比喻对来自不同背景和文化的学生来说都非常清晰易懂。唯一稍显负面的情况是,有时学生会评论说不可能以 100% 的准确度构建出这个物理模型。但即使是提出抱怨的学生通常也能理解,这主要是一个思想实验。

当使用比喻而非传统教科书定义来讲解算法时,我们观察到学生更快地掌握了这一主题,并且很容易获得对算法相当深入的理解。这一点可以通过提出合适的问题来检验,比如下面作为习题给出的问题。我们经常使用的其他问题有:"为什么在存在负权边的情况下,这个算法会失败?你能否设计一个不含负权边但仍会导致算法失败的实例?"

正如习题的解答所示,这个比喻为理解算法提供了新的、非平凡的洞察。例如,一旦我们意识到在悬挂的小球 - 绳子的模型中,有些绳子是松弛的,而另一些则不是,我们就对最短路径的外观有了更深入的理解。

2.1.5 习题

习题 2.1 给定一个图、图中的顶点 s 以及一条边 uv。设计一个算法,检查是否存在一个顶点 t,使得从 s 到 t 的某条最短路径使用了边 uv。

习题 2.2 给定一个图、图中的顶点 s 以及一条边 uv。设计一个算法,检查是否存在一个顶点 t,使得删除边 uv 后,从 s 到 t 的最短路径长度会增加。

习题 2.3 设计一个算法,生成给定图中从顶点 s 到顶点 t 的所有可能的最短路径。你的算法在最坏情况下的时间复杂度是多少?

习题 2.4 修改上一题的算法,使其不再生成所有最短路径,而是统计从 s 到 t 的最短路径的数量。修改后的算法的时间复杂度必须是多项式的。

习题 2.5 假设我们已经计算出了给定顶点 s 到图中其他每个顶点的最短距离。现在假设图中某一条边的长度突然减小了。设计一个算法,检查是否有一些最短距离发生了变化。

习题 2.6 承接上一题,设计一个算法,计算从 s 到所有顶点的新的最短距离。你的算法不应处理整个图,而应只处理实际发生变化的部分。

习题 2.7 给定一个有 n 个顶点和 m 条边的图，其中一个顶点为 s。我们希望尽可能多地移除边，但不改变从 s 到任何其他顶点的最短路径长度。证明我们总是可以移除 $m-n+1$ 条边，并且这是最优的。设计一个算法，找出这样一组边。

习题 2.8 使用物理的小球–绳子模型，以及剪刀和胶水，你如何求出从 s 到 t 的第二短路径的长度？你提出的方法能否转化为图上的多项式算法？

2.2 树中的最长路径

2.2.1 概述

树是计算机科学中最基本的数据结构之一。

树状的数据结构是表示有序元素集合最有效的数据结构之一。与树相关的问题也是计算机科学领域最早研究的问题之一。

一个问题是最小生成树问题——给定一个带有加权边的图，我们希望使用其中的一些边来构建一棵连接所有顶点的成本最低的树。这个问题最早由捷克数学家在为摩拉维亚地区构建高效电力网络时研究过。1926 年，Borůvka 首次发现了该问题的多项式算法[①][2, 3]，后来在 1930 年被 Jarník 改进[11]。（值得注意的是，文献 [1] 中有一个与最小生成树问题相关的精彩活动。）

即使将问题限制在简单的无权树上，我们仍然会遇到许多非平凡的问题。例如，一个困难的组合问题是计算所有顶点标记为 1 到 n 的树的数量。Cayley 的一个著名结果表明，这样的树的数量恰好是 n^{n-2}。这个组合结果与一个来自"上帝之书"的算法密切相关：树的 Prüfer 编码[14]。Prüfer 给出了一种简单的方法，可以将任何这样的树唯一地编码为一个由 $n-2$ 个整数组成的序列，每个整数的取值范围是 1 到 n。Cayley 公式[5] 是该方法的直接推论。利用现代的数据结构，Prüfer 的算法可以在 $O(n\log n)$ 的时间内实现。[②]

正如本节主题所示，我们将考虑另一个与简单树相关的问题。

---

① 这比 Dijkstra 提出上一节介绍的最短路径算法早了 30 年。而又过了 10 年，Cobham 和 Edmonds 才让我们注意到可将多项式时间复杂度视为高效性的同义词。

② 甚至使用 van Emde Boas 树[10]，时间复杂度也可以达到 $O(n\log\log n)$。

树中的最长路径

问题实例：一棵简单树，包含n个顶点和$n-1$条单位长度的边。

问题描述：找到树中一条最长的简单路径。

图 2-5 展示了一个实例及其解。

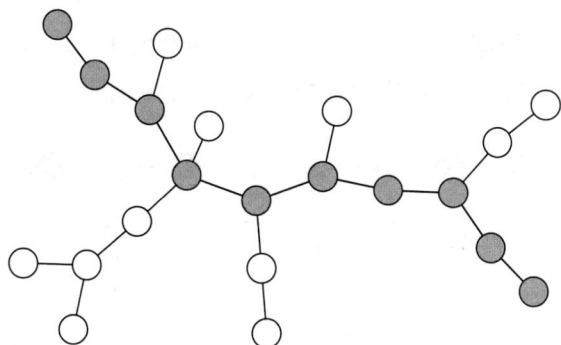

图 2-5 一棵小型简单树，其中一条最长路径已被标出

具体而言，我们将关注另一个可能应该被收入"上帝之书"的算法。该算法实现起来极其简单（只需对树进行两次遍历），时间复杂度显然是最优的，但其正确性并不显而易见。算法步骤如下。

---

1. 令 x 为树中任意一个顶点。
2. 令 y 为距离 x 最远的任意一个顶点。
3. 令 z 为距离 y 最远的任意一个顶点。
4. y 与 z 之间的路径即为树中的一条最长路径。

2.2.2 节提出的比喻能够简单地证明上述算法的正确性。此外，我们还将展示一些相关的结论。

- ❑ 树的中心总是由一个或两个顶点组成。
- ❑ 树中的每条最长路径都包含树的中心。
- ❑ 我们可以在 $O(n)$ 时间内计算出所有的最长路径［尽管最长路径的数量可能达到 $\Theta(n^2)$］。

该比喻是对文献 [9] 中提出的比喻的改编版本。我们对比喻的处理方式以及额外的结论均为原创。

2.2.2 比喻

我们在上一节中使用的小球－绳子模型在这里同样适用。然而，这里的呈现方式会略有不同，以便突出我们在寻找树中最长路径时需要注意的不等量。

考虑一棵任意的简单树，如图 2-5 所示。假设我们已经知道了树中的一条最长路径。我们将树从这条路径的两个端点提起，并尽可能地将它们拉开，使得这条路径变成一条水平的顶点链。由于重力作用，树的其余部分现在从这条链向下悬挂。对于图 2-5 中的树和突出显示的路径，我们得到的情况如图 2-6 所示。

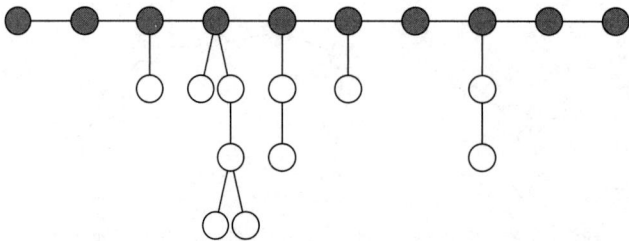

图 2-6 一棵树被其最长路径的两个端点悬挂起来

当然，这个过程可以对任意两个顶点进行。但由于我们选择的是最长路径，这就限制了其他顶点的位置只能位于图 2-7 所示的三角形区域内。

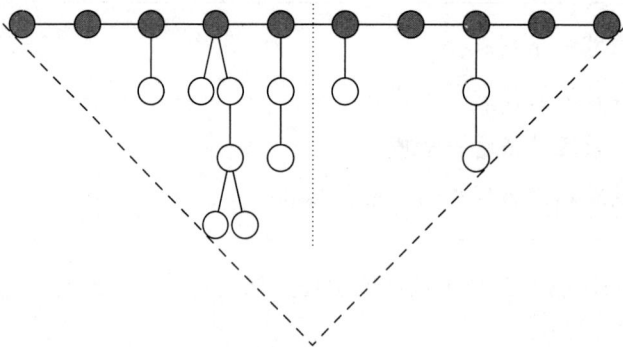

图 2-7 虚线包围了树中所有顶点可能的位置，点线表示所选最长路径的中点位置

为什么会这样呢？考虑树左半部分中的任意一个顶点 a（例如图 2-8 中的顶点 a）。令 a' 为顶部路径上离顶点 a 最近的顶点（我们称这个顶点为 a 的根）。

注意图 2-8 中突出显示的两条路径：aa' 和 la'。路径 aa' 的长度至多与路径 la' 相同——因为路径 lr 是最长路径，所以路径 $aa'r$ 不可能更长。因此整个图形成了三角形的形状——顶点 l 与 a' 之间的距离限制了以 a' 为根的子树的深度。

在下文中，我们将使用术语"对角线"来表示图 2-7 和图 2-8 中所示三角形的两条非水平边。当提到对角线上的顶点时，我们指的是在对应的根节点下，深度达到最大可能值的所有顶点。在图 2-8 中，位于对角线上的顶点用双圆圈标记。注意，位于对角线上的顶点集合总是包含顶点 l 和 r。

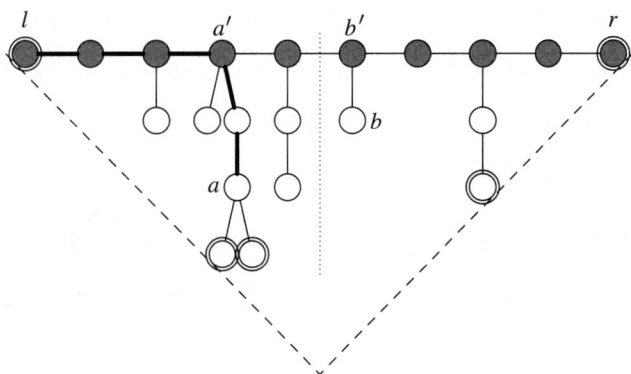

图 2-8 顶点 a 与 a' 之间的距离不得超过顶点 l 与 a' 之间的距离。同样的结论也适用于顶点 b、b' 和 r

现在我们可以进一步加强上述观察：

> 对于树中的任意顶点 x，所有与 x 距离最远的顶点都位于对角线上。

为了证明上述结论，我们将分两步进行。首先，我们只考虑位于所选最长路径上的顶点 x，然后再将结论推广到所有可能位置的顶点 x。

在证明的第一步中，考虑位于所选最长路径上的任意顶点 x'。在我们的树中（如图 2-8 所示，以所选的最长路径为悬挂基准），从 x' 到任何其他顶点的路径，要么是"先向左走若干步，再向下走若干步"，要么是"先向右走若干步，再向下走若干步"。在第一种情况下，路径长度受限于 $x'l$ 的长度——因为走这么多步后我们会碰到左侧对角线，之后就无路可走了。同理，在第二种情况下，路径长度受限于 $x'r$ 的长度。例如，在图 2-8 中，位于 a' 左侧的每个顶点最多距离 a' 3 步，而位于 a' 右侧的每个顶点最多距离 a' 6 步。因此，如果我们的 x' 位于左半部分，那么距离 x' 最远的顶点都位于右侧对角线上，反之亦然。[1]

现在考虑树中其他任意位置的顶点 x。从 x 到大多数其他顶点的路径都会先从 x 走到其根节点 x'。因此，这些顶点中距离 x 最远的顶点，就是距离 x' 最远的顶点，而我

---

[1] 如果 x' 恰好位于所选最长路径的正中间，则两条对角线上的顶点到 x' 的距离相同。

们已经知道这些顶点的位置符合我们之前的结论。现在设 v 是任意一个顶点，且路径 xv 不经过 x'（也就是说，x 和 v 位于以 x' 为根的同一棵子树中）。那么路径 xv 必然严格短于路径 $xx'v$，而后者的长度显然最多等于树中最长路径的长度。因此，这样的顶点 v 不可能是距离 x 最远的顶点。这就完成了证明。

前述算法的正确性很容易证明。我们任意选取一个顶点 x，找到距离 x 最远的顶点 y。顶点 y 一定位于某条对角线上。此时，从顶点 y 到所选最长路径另一端的距离等于路径 lr 的长度，因此存在一条以 y 为起点的最长路径。因此，我们再任意选取一个距离 y 最远的顶点 z，就一定能得到一条最长路径，证毕。

这一证明过程也可以通过我们的比喻轻松地进行可视化：我们只需将所选路径从 lr 改为 ly（或 yr），再改为 zy（或 yz），这么做不会改变所选路径的长度，如图 2-9 所示。

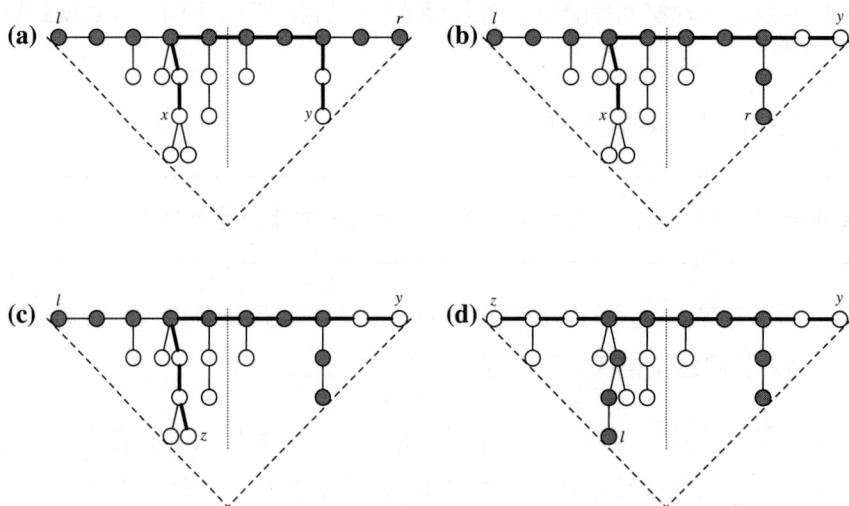

图 2-9 最长路径算法的示例运行的可视化

(a) 步骤 $1+2$：选择 x，y 是距离 x 最远的顶点。
(b) 完成步骤 2 后：路径 ly 与路径 lr 的长度完全相同。
(c) 步骤 3：z 是距离 y 最远的顶点。
(d) 步骤 4：路径 yz 即为一条最长路径。

树的中心。 非正式地说，如果从一个顶点 v 能快速到达图中任意其他顶点，那么顶点 v 就属于图的中心。正式定义则相当复杂，因为它涉及三个嵌套的量词。

图的中心是所有顶点 v 的集合，这些顶点使得从 v 到任意顶点 w 的最短路径距离的最大值达到最小。

为了更容易理解这个定义，建议逐步引入这三个量词。

- 令 $d(v,w)$ 表示顶点 v 和 w 之间的最短距离。
- 顶点 v 的偏心率定义为 $\max_w d(v,w)$，即顶点 v 到最远顶点的距离。
- 图的中心是指具有最小偏心率的顶点集合。

为方便起见，我们再补充两个定义。

- 最小的偏心率值称为图的半径。
- 最大的偏心率值称为图的直径。

我们的比喻清晰地展示了树的中心是什么样子的。设 ℓ 为树中最长路径的长度。（换句话说，ℓ 就是树的直径——在树中，这两个术语是等同的。）我们可以立即明确计算出所选最长路径上所有顶点的偏心率：路径端点（l 和 r）的偏心率为 ℓ，而当我们沿路径向中心靠近时，每前进一步，偏心率就减小 1。偏心率最小的顶点是所选路径中间的一个或两个顶点，它们的偏心率为 $\lceil \ell / 2 \rceil$。

同样显而易见的是，任何其他顶点的偏心率都严格大于 $\lceil \ell / 2 \rceil$。我们可以进一步精确计算出这些顶点的偏心率——在树中每向下走一步，偏心率就增大 1，因为我们离 l 和 r 都越来越远。而且，我们已知，对于任意顶点 x，l 和 r 中至少有一个是距离 x 最远的顶点之一。

图 2-10 展示了示例树的中心以及计算得到的偏心率。

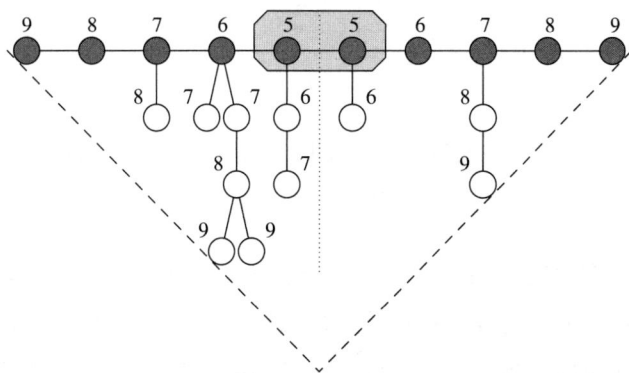

图 2-10 该树的中心是最长路径中间的两个高亮顶点。顶点上的标记表示它们的偏心率。还要注意的是，偏心率最大的顶点恰好是所有最长路径的端点

选择哪一条特定的最长路径并不重要——计算得到的偏心率总是相同的（它们并不依赖于我们的可视化方式）。由此得出经典结论：

在树中，所有的最长路径都包含树的中心。

[另一种证明该结论的方法：考虑将树以某条选定的最长路径悬挂起来。设 pq 为树中任意一条最长路径（可能与最初选择的路径不同）。由于 q 是距离 p 最远的顶点，因此它必然位于某条对角线上。反之亦然，因此我们得出以下结论：每条最长路径都有一个端点位于左侧对角线上，另一个端点位于右侧对角线上。因此，所选定的最长路径的中心必然也包含在其他每条最长路径中——因为我们必须从左半部分到达右半部分。]

计算最长路径的数量。现在如何计算所有最长路径的数量也应该是显而易见的。如前所述，每条最长路径都有一个端点位于左侧对角线上，另一个端点位于右侧对角线上。如果直径 ℓ 为奇数（中心包含两个顶点），只需将两侧对角线上顶点的数量相乘即可。如果左侧对角线上有 3 个顶点，右侧对角线上有 5 个顶点，那么可能的顶点对共计 $3 \times 5 = 15$ 种组合，每种组合都确定了一条不同的最长路径。

从构成树中心的两个顶点出发，运行一次广度优先搜索（或其他任意图遍历算法），可以在线性时间内计算出每条对角线上顶点的数量。或者，也可以轻松地修改上述计算所有顶点偏心率的算法，以统计这些顶点的数量。

当 ℓ 为偶数时，需要更仔细地分析这种情况，但此时学生们已经能够轻松地完成这种分析，我们将其作为下面的习题之一列出。

2.2.3 分析

2.2.2 节中介绍的这个巧妙算法最初由谁发现，目前尚不清楚。一些作者 [8,12] 将其归功于 Wennmacker，另一些作者 [4] 则归功于 Dijkstra。

如文献 [12] 所指出的，如果使用实际的物理"小球 – 绳子"模型，那么我们可以利用重力轻松地找到最长路径。在更简单的版本中，我们用左手拿起任意一个球，然后用右手抓住最低的球，放开左手的球，最后再用左手抓住当前最低的球，这样就完成了。我们选择不采用这种讲解方式——尽管这种方法非常优美，但它并不能充分揭示算法有效的内在原因。

该算法显然是最优的——它的时间复杂度与顶点数量呈线性关系。此外，它的实现清晰而简洁，我们只需要一个树遍历过程即可。根据树的性质，任何遍历方法都适用，包括但不限于广度优先搜索和深度优先搜索。

下面，我们给出一个更简短但不那么直观和形象的算法证明。也就是说，我们将证明该算法总能找到给定树中的一条最长路径。

设 xy 为第一次图遍历找到的路径，lr 为图中任意一条最长路径。首先，我们证明路径 xy 和 lr 必须至少共享一个顶点。假设相反情况成立，即如图 2-11a 所示的情形。考虑从 x 到 l 的路径。令 p 为该路径上最后一个位于 xy 上的顶点，q 为第一个位于 lr 上的顶点。由于 y 是距离 x 最远的顶点，因此路径 py 的长度至少与路径 pqr 一样长。因此，路径 py 必然比路径 qr 更长。但这样一来，路径 $lqpy$ 就比路径 lr 更长，这与 lr 是最长路径的假设矛盾。

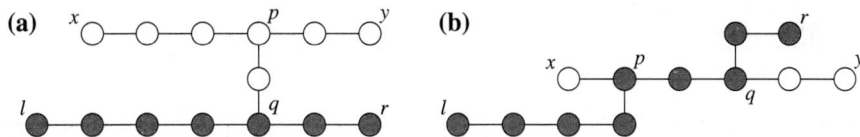

图 2-11　两次遍历求最长路径算法的另一种证明。两张图仅展示了整棵树中相关的部分，实际树中可能还有其他未显示的顶点和边。(a) 路径 xy 和 lr 不相交的情况；(b) 路径 xy 和 lr 相交的情况

现在，我们已知路径 xy 和 lr 至少共享一个顶点，如图 2-11b 所示。接下来，我们将证明必然存在一条以 y 为端点的最长路径。

令 p 为路径 xy 上第一个同时位于路径 lr 上的顶点，q 为最后一个同时位于路径 lr 上的顶点。如有必要，交换 l 和 r 的标记，使得路径 $lpqr$ 成为一条简单路径。现在，由于路径 lr 是一条最长路径，我们得出路径 qr 至少与路径 qy 一样长。另外，由于 y 是距离 x 最远的顶点，因此相反的不等式也必须成立：路径 qy 至少与路径 qr 一样长。因此，路径 qy 和路径 qr 的长度相等。这样一来，路径 $lpqy$ 就是一条确凿的最长路径。

为了完成证明，只需注意到，由于存在一条以 y 为终点的最长路径，我们算法的第二次迭代确实会产生这样一条最长路径 yz。

还有其他渐近最优的算法（但实现起来不那么简单）可以解决这个问题。我们在大多数教科书中遇到的是一种基于动态规划的算法：以任意顶点为根，对每个顶点，计算其子树的深度。然后，对于每个顶点，计算以该顶点为最高点的最长路径的长度。一般来说，这个长度等于 2 加上该顶点的两个最深子树（以其子节点为根）的深度之和。

2.2.4 经验

这种寻找树中最长路径的两次遍历算法非常简单，以至于许多学生惊讶于它竟然有效："如此简单的方法怎么能解决这么复杂的问题呢？"

任何对该算法的证明都必须以某种方式处理树中所有最长路径的结构。前面介绍的小球 - 绳子模型主要用于限制需要检查的可能情况的数量。它还帮助我们可视化了确定一条最优路径后出现的非平凡约束。这种方法确实有所帮助，但对算法的分析仍然较为复杂，一些学生确实会在细节中迷失。

对于这个问题，我们希望上面给出的比喻并不是最好的可能选择。换句话说，我们希望还有另一种视角，能够使算法的分析变得更加简单。

2.2.5 习题

习题 2.9　本节中的所有图示包含的都是直径为奇数的树。请为某棵直径为偶数的树绘制相应的图示。

习题 2.10　如果树的直径为偶数（因此中心只有一个顶点），可能会存在一些顶点同时位于两条对角线上——换句话说，这些顶点位于边界三角形的底部角落。请仔细验证我们对最长路径算法的证明在这种情况下仍然有效。

习题 2.11　给出一个详细的算法，用于计算直径为偶数的树中所有的最长路径。

习题 2.12　假设我们有一棵带权重的树，即树的每条边都有某个正长度。前面介绍的最长路径算法在这种情况下仍然正确吗？

习题 2.13　假设我们有一个一般的无向图，每条边的长度均为单位长度。在这种情况下，最长路径算法（使用两次广度优先搜索）并不一定有效。你能找到一个反例吗？

习题 2.14　与前一个问题类似，现在输入实例都是一般的无向图，且所有边的长度均为单位长度。假设我们对求最长路径的算法做如下改进。

1. 令 x 为图中任意一个顶点。
2. 令 y 为距离 x 最远的任意一个顶点。
3. 令 z 为距离 y 最远的任意一个顶点。

4. 如果路径 yz 的长度大于路径 xy 的长度，则令 $x,y=y,z$ ，返回步骤 3。

5. 输出顶点 y 与 z 之间路径的长度。

假设每次执行步骤 2 和步骤 3 时，都从起始顶点进行一次广度优先搜索。以输入图的顶点数 n 表示，这个算法在最坏情况下的时间复杂度是多少？

习题 2.15 上一题给出的算法是否总能找到输入图的直径？请给出证明，或给出一个反例。

习题 2.16 对于一般的单位长度边的图，是否存在已知的多项式时间算法来求图的直径？还是说这个问题是一个已知的 NP 完全问题？ [①]

参考文献

1. Bell, T., Fellows, M.R., Witten, I.: Computer Science Unplugged: Off-Line Activities and Games for All Ages. Cited 8 Dec 2012

2. Borůvka, O.: O jistém problému minimálním (About a certain minimal problem). Práce mor. přírodověd. spol. 3, 37–58 (1926) (in Czech)

3. Borůvka, O.: Příspěvek k řevení otázky ekonomické stavby elektrovodních sítí (Contribution to the solution of a problem of economical construction of electrical networks). Elektronický obzor 15, 153–154 (1926) (in Czech)

4. Bulterman, R.W., van der Sommen, F.W., Zwaan, G., Verhoeff, T., van Gasteren, A.J.M., Feijen, W.H.J.: On computing a longest path in a tree. Inf. Process. Lett. 81, 93–96 (2002)

5. Cayley, A.: A theorem on trees. Q. J. Math. 23, 376–378 (1889)

6. Cormen, T.H., Leiserson, C.E., Rivest, R.L., Stein, C. Introduction to Algorithms, 3rd edn. MIT Press, Cambridge (2009)

7. Dasgupta, S., Papadimitriou, C., Vazirani, U.: Algorithms. McGraw-Hill, New York (2006)

8. Dewdney, A.K.: Computer recreations. Sci. Am. 252, 18–29 (1985)

9. Diks, K., Idziaszek, T., Łacky, J., Radoszewski, J.: Looking for a Challenge? The Ultimate Problem Set from the University of Warsaw Programming Competitions. Lotos Poligrafia Sp. z o.o. (2012)

10. van Emde Boas, P.: Preserving order in a forest in less than logarithmic time. In: Proceedings of the 16th Annual Symposium on Foundations of Computer Science (FOCS 1975), pp. 75–84. IEEE Computer Society (1975)

11. Jarník, V.: O jistém problému minimálním (About a certain minimal problem). Práce Mor. Přírodověd. Spol. 6, 57–63 (1930) (in Czech)

12. Moscovich, I.: The Monty Hall Problem & Other Puzzles. Sterling Publishing, New York (2004)

---

① 或者更准确地说，这个问题的判定版本是否为 NP 完全问题？

13. Narváez, P., Siu, K.Y., Tzeng, H.Y.: New dynamic SPT algorithm based on a ball-and-string model. IEEE/ACM Trans. Netw. 9(6), 706–718 (2001)

14. Prüfer, H.: Neuer Beweis eines Satzes ber Permutationen (A new proof of a theorem about permutations). Arch. der Math. u. Phys. 27, 742–744 (1918) (in German)

15. Rokicki, T., Kociemba, H., Davidson, M., Dethridge, J.: God's Number Is 20. (2010). Cited 8 Dec 2012

第 3 章

计算几何

3.1 带障碍物的最短路径

3.1.1 概述

我们要讨论的第一个计算几何问题是一个著名的优化问题：寻找一条避开给定障碍物集合的最短路径。

> **二维平面上带障碍物的最短路径问题**
>
> **问题实例**：给定一组互不重叠的障碍物，以及位于所有障碍物之外的两个点（A 和 B）。
>
> **问题描述**：找到一条从起点 A 到终点 B 的最短曲线，要求该曲线不能包含任何障碍物的内部点。

二维最短路径问题是计算几何中一类非常重要的问题，在运动规划领域有广泛的应用（参见文献 [2] 第 13 章）。我们特别关注的是所有给定障碍物都是多边形的情况。我们用 n 表示所有多边形顶点的总数。图 3-1 展示了该问题的一个实例。

我们需要解决的主要问题是可能路径的数量。由于这是一个连续问题，可能路径的数量是无限的（更准确地说，甚至是不可数的）。为了找到最短路径，我们必须确定一个有限的候选路径集合，这个集合中一定至少包含一条最短路径。完成这种简化后，我们就可以通过算法处理这些候选路径。

我们将展示一个比喻，这个比喻很好地解释了上述简化过程，并直接引出了二维平面上多边形障碍物情形下的多项式时间解法。

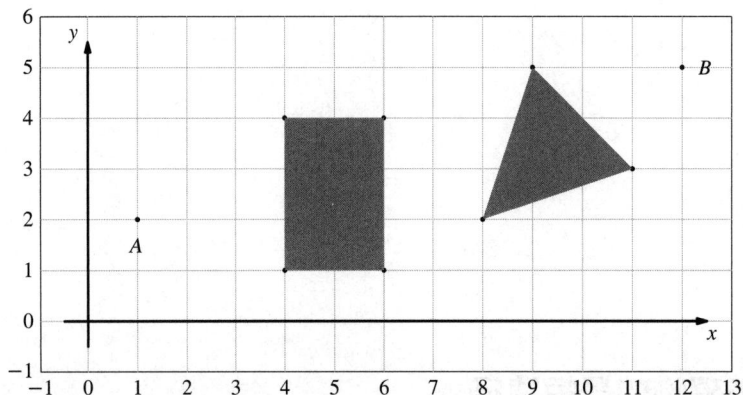

图 3-1　二维平面上带障碍物的最短路径问题实例。障碍物为多边形，其顶点总数为 $n = 7$

3.1.2　比喻

从本质上看，最短路径问题非常适合用"橡皮筋"这一比喻来理解。橡皮筋是一种物理物体，具有一个直观的特性——它总是试图收缩。如果我们固定住它的两端，橡皮筋的主体部分就会被拉伸，以尽可能地缩短自身长度。（在我们所有使用这一比喻的场景中，我们都假设橡皮筋是理想化的，如果允许，它甚至可以收缩成一个点。）

我们使用这一比喻的目的，是说明如何将看似无限多条可能的路径缩减为少数几条候选路径。为此，我们需要确定最短路径的一些性质。具体而言，以下结论将非常有用：最短路径总是可以被分解成若干段，每一段要么是一条直线段，要么是沿着障碍物边界的路径。

巧妙地使用橡皮筋这一比喻，可以很好地阐明上述结论的证明背后的直观逻辑。

将橡皮筋的一端固定在起始点 A。另一端握在手中，沿着任意路径向点 B 行走。当你行走时，橡皮筋会在你手中拉伸，因为它总是试图收缩回原点 A。当你到达点 B 时，橡皮筋的长度最多和你实际走过的路径一样长。换句话说，如果你实际走过的路径是最优的，那么橡皮筋必然会精确地沿着该路径延伸。图 3-2 展示了一个例子。

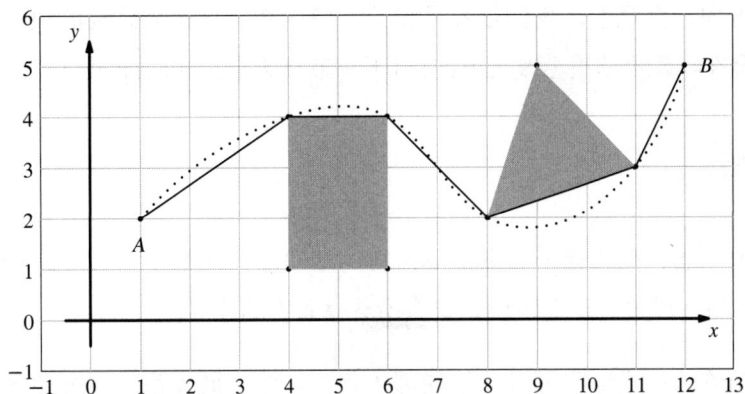

图 3-2 如果沿着虚线曲线从点 A 走到点 B，橡皮筋会收缩成实线所示的路径

　　注意，收缩的橡皮筋未必能得到全局最短路径。橡皮筋最终的长度取决于所选路径。（用术语来表述就是，橡皮筋形成的是所有与所选路径拓扑等价的路径中最短的一条。）参见图 3-3 中的示例。

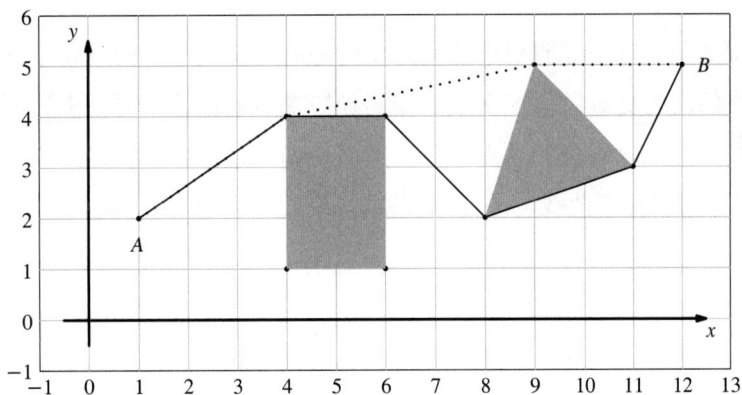

图 3-3 虚线路径是点 A 和点 B 之间的最短路径。然而，如果大致沿着实线（例如图 3-2 所示）从 A 走到 B，橡皮筋将收缩成实线所示的路径。此时路径长度会比最优路径更长

　　对于多边形障碍物，我们现在可以轻松得到一个更强的推论：

> 在具有多边形障碍物的二维平面中，最短路径总是一条折线，该折线起点为 A，终点为 B，且所有中间顶点都是障碍物的某些顶点。

　　同样，利用橡皮筋的比喻可以很容易地说明这一点。由于多边形的边都是线段，根据上述陈述可知，橡皮筋形成的是一条折线。此外，橡皮筋在没有环境约束的情况

下不会改变方向。直观上,我们很容易相信,橡皮筋只有在障碍物的顶点处才会改变方向,而不会在障碍物的边上改变方向。(下一节将给出正式的证明。)

3.1.3 分析

如前一节所述,在二维平面上带障碍物的最短路径问题中,最短路径总是可以划分为若干段,每一段要么是直线段,要么沿着障碍物的边界。

对这一结论的正式证明可以基于局部优化。显然,最优路径不可能存在任何局部优化的可能性。因此,最优路径的形状一定不允许任何局部优化。考虑最优路径上没有任何点位于障碍物边界上的任意一段,我们将证明这一段路径必定是一条直线段。假设情况相反,取路径上不是直线段的一段上的任意一点,那么在该点附近必然存在一个足够小的邻域,其中不包含任何障碍物。在这个邻域内,我们可以将原路径替换为一条直线段,从而改善路径。这与路径的最优性相矛盾。因此,最优路径确实只能由沿障碍物边界的路径段和直线段组成。

需要注意的是,这个证明对于任何形状的障碍物都成立,而不仅限于多边形。非多边形障碍物的问题更难的原因在于确定路径段端点的位置。对于多边形障碍物,我们已经知道只需考虑障碍物的顶点即可。然而,如果允许障碍物边界为一般曲线,直线段的端点几乎可以位于曲线上的任意位置,参见图 3-4 中的示例。

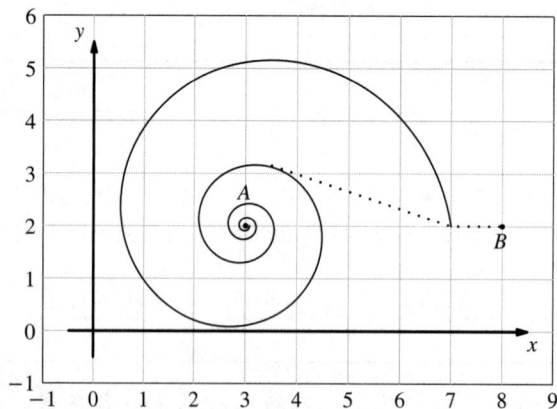

图 3-4 一个螺旋墙形状的障碍物。从点 A 出发的最短路径首先到达螺旋的内端点,然后沿着螺旋的边界前进一段距离,最后沿着一条与螺旋外端点相切的切线离开螺旋。从该点开始,路径以一条直线段到达点 B。最后两段路径在图中用虚线表示

对于多边形而言，以上更强推论的形式化证明也可以通过局部优化得到：如果一条折线的某个顶点位于多边形障碍物的边上，那么总可以通过将该折线顶点向障碍物的某个顶点移动来缩短折线长度。图 3-5 展示了一个例子。

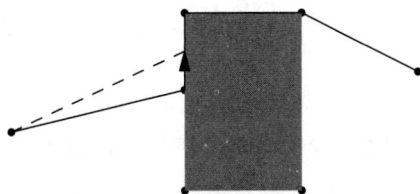

图 3-5　最优路径的顶点绝不会位于障碍物的边上。根据三角不等式，这样的路径总是可以局部改进的。沿箭头方向移动折线的顶点可以缩短路径长度

现在我们可以定义可见性图（visibility graph）。该图的顶点包括点 A 和点 B，以及所有障碍物的所有顶点。当且仅当连接两个顶点的线段不与任何障碍物相交时，这两个顶点之间才存在一条边。图 3-6 展示了一个可见性图的示例。

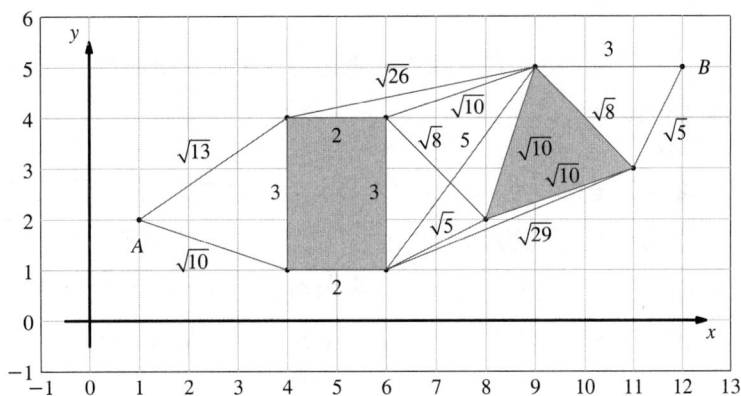

图 3-6　图 3-1 中实例对应的可见性图。该图包含 9 个顶点和 17 条边，边长为欧氏距离

利用上述观察，我们现在可以将原本连续版本的最短路径问题转化为一个有限的离散问题：在可见性图中寻找最短路径。这个方案可以很容易地实现，并具有多项式时间复杂度。图上的最短路径问题可以使用 Dijkstra 算法在 $O(n^2)$ 时间内解决。而整个可见性图可以通过蛮力法在 $O(n^3)$ 时间内构建，即对每一对顶点，检查连接它们的线段是否与每个障碍物相交。

构建可见性图也有更快的方法。例如，对每个顶点进行极角扫描（polar sweep）可以在 $O(n^2 \log n)$ 时间内构建可见性图（参见文献 [2] 第 15 章）。更巧妙的平面扫描（plane sweep）方法甚至可以在 $O(n^2)$ 时间内构建可见性图，参见文献 [1, 7, 17]。

经过多年的研究，通过更深入的分析方法，解法的整体时间复杂度已经降低到最优的 $O(n\log n)$ [10, 11]，而在某些特殊情况下甚至可以达到 $O(n)$ [4, 8]。

需要注意的是，虽然该问题在二维平面上可以高效求解，但带障碍物的三维空间最短路径问题则是 NP 难的 [3]。关于该问题逐步改进过程的简要总结及相关文献，可以参考文献 [2] 的 15.4 节。

此外，"橡皮筋"这一比喻本身也常用于设计解决其他相关问题的算法 [12]。

3.1.4 经验

除了直接进行解释之外，这个比喻也可以很容易地用于动觉活动。我们建议以下面的方式进行。用椅子和桌子摆出一个小型的障碍迷宫。固定点 A 和点 B，让学生手持橡皮筋的一端，实际尝试沿着不同路径行走。学生会感受到橡皮筋的拉伸，并观察到上文所描述的橡皮筋的行为。

实际上，用一根普通的绳子代替橡皮筋来进行这个活动更简单。（现实生活中的橡皮筋并不具有无限弹性。）

用绳子（或绳索）进行活动的一种可能方式是：将绳子的一端固定在点 A。要求学生握住另一端走到点 B。到达点 B 后，学生拉紧绳子，让绳子上没有任何一处松弛下垂。然后我们可以在绳子上做一个标记，表示当前测量的距离。（或者，我们也可以事先在绳子上标出距离刻度，然后直接读取点 A 和点 B 之间的距离。）

教师还可以组织一个寻找从 A 到 B 最短路径的游戏——让多个学生尝试不同的路径，测量每条路径的长度，并对实验结果进行评估。

3.1.5 习题

习题 3.1 考虑本节问题的一个变体，其中障碍物是不相交的圆形。我们的算法能否修改以适用于这种情况？

如果障碍物同时包含圆形和多边形又如何呢？（为简单起见，你仍然可以假设所有障碍物彼此不相交。）

习题 3.2 橡皮筋的比喻在三维空间中同样适用。请解释为什么在三维空间中存在多面体障碍物时，这种比喻无法产生有效的算法。

（提示：有时我们需要跨越多面体的某条棱。）

习题 3.3 如果你觉得上一道习题太难，这里有一道更简单的题目，同样能说明在三维空间中寻找最短路径的困难：

给定一个长方体盒子和盒子表面上的两个点，求连接这两个点且不进入盒子内部的最短路径。

（提示：想象你将最短路径标记在盒子的表面上，然后将路径经过的盒子侧面展开到一个平面上。展开后标记的路径应该是什么样子？）

习题 3.4 最短路径的长度是数值稳定的——输入的微小变化对应输出的微小变化。然而，最短路径的实际形状并非如此。你能否举出一个实例，说明障碍物的微小变化会导致最短路径发生显著变化？

习题 3.5 现在我们回到二维平面上带有多边形障碍物的情况。作为热身练习，请证明：当点 B 沿某个方向移动距离 x 时，点 A 与点 B 之间的距离最多增加 x。

现在假设你已经获得了问题的一个实例，并且已经使用上述算法构建了可见性图，找到了从点 A 到可见性图中所有顶点的最短路径。之后，你得到新的信息：点 B 的位置最多移动距离 x。为简单起见，我们假设点 B 周围距离 x 以内没有障碍物，因此所有移动方向都是可行的。

设计一个算法，用于判断是否存在一种移动方式，使得移动点 B 后，点 A 与点 B 之间的最短距离恰好增加 x。

该问题解法的最优时间复杂度是多少？

3.2 线段之间的距离

3.2.1 概述

确定两条线段之间的最短距离是计算几何中的基本问题之一，常作为更复杂算法中的基础步骤。

线段之间的距离问题

问题实例：两条线段（位于二维或更高维空间中）。

问题描述：求出两条线段之间的最短直线距离。

显然，由于输入规模是常数大小，因此一定存在一种方法可以在常数时间内确定该距离。事实上，这样的方法确实存在，其核心思想非常直接——考虑所有可能的情况，确定适用的情况，并使用相应的公式计算距离。

但是，为什么这个问题值得我们关注呢？因为其中的分类讨论。与计算几何中的许多算法一样，这个问题的特殊情况数量相当多。即使在二维空间中，许多学生也很难完全正确地处理所有情况。图 3-7 展示了三种可能的情况。

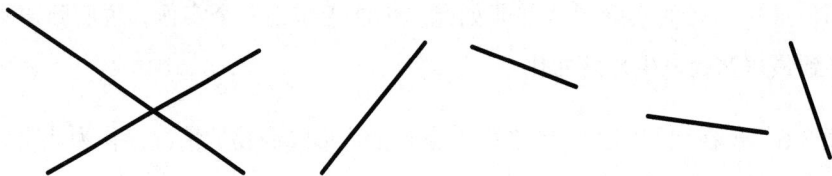

图 3-7　二维空间中的三种不同情况。左图中，两条线段相交，距离为 0；中间图中，最短距离位于两个端点之间；右图中，最短距离位于一个端点与其在另一条线段上的垂直投影之间

在三维空间中，情况的数量进一步增加，很容易遗漏某些情况，其中一个特别容易被忽略的情况如图 3-8 所示。在这个棘手的情形中，连接两条线段的最短路径并不包含任何一个线段的端点——它是一条同时垂直于两条给定线段的线段。

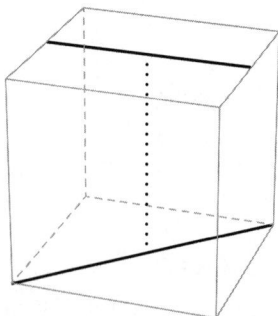

图 3-8　三维空间中一种较复杂的情况，学生经常忽略。为了更好地理解，两条线段（黑色线段）位于立方体表面上。两条线段之间的最短连接线用黑色虚线表示

我们使用这个比喻的目的，是展示一种简洁的方法，使我们能够轻松地识别出所有可能的情况，即使是在更高维度的情形中。

3.2.2 比喻

我们再次使用橡皮筋的直观比喻。想象每条线段都是一条轨道。在每条线段上放置一节迷你火车车厢，并用一根橡皮筋（或者你喜欢的话，也可以是弹力绳）将它们连接起来，如图 3-9 所示。（显然，在更精确的分析中，这些车厢应被视为点。）

图 3-9 橡皮筋比喻：线段被想象成轨道，迷你火车车厢放置在轨道上，并用橡皮筋连接起来

无论两节火车车厢当前处于什么位置，拉伸的橡皮筋总是试图收缩，从而将车厢彼此拉近。很容易看出，这种情况通常都会发生——在大多数位置配置下，车厢会向某个方向移动。要理解这一点，只需分别考虑每节车厢，并想象橡皮筋施加的力如何影响它们即可，如图 3-10 所示。

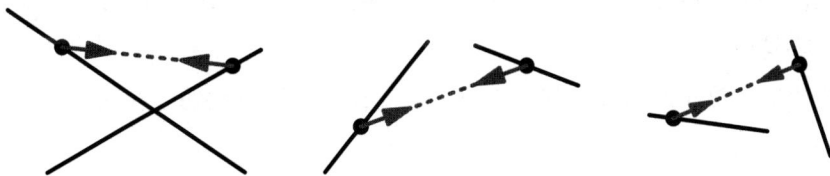

图 3-10 不同情形下作用于车厢的力

根据物理知识，我们知道每个力都可以分解为两个部分：一个垂直于轨道，另一个沿轨道方向。我们可以忽略第一部分，真正影响车厢沿轨道运动的是第二个分量。力的分解如图 3-11 所示。

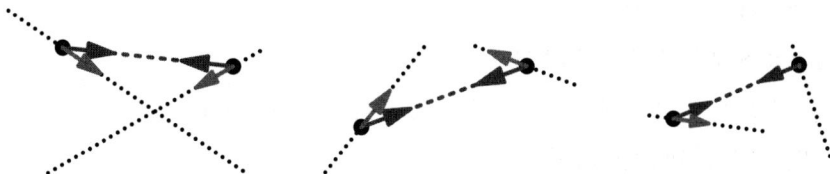

图 3-11 力在轨道上的正交投影。注意最右侧的车厢，其所受力的相关分量为 0，此时该车厢未受到任何方向的拉力作用

注意，力的这两个分量都可以通过对力向量进行正交投影来确定。第一个分量是将力向量投影到轨道线段的法向量上，第二个分量则是将原始力向量投影到轨道线段本身上。

现在，只要作用于车厢的有效力分量不为 0，车厢就会被拉向两个可能方向中的一个，橡皮筋也会收缩，也就是说，两节车厢会彼此靠近。

那么，当两节车厢处于尽可能靠近的最优位置时，我们能得出什么结论呢？答案很简单——车厢不再移动了！

（注意，我们刚才发现的是一种蕴含关系：如果两节车厢的位置是最优的，那么它们都不会移动。目前，我们实际上并不知道，也不关心是否存在其他非最优的配置也能使两节车厢保持静止。关于这一点，请参见 3.2.5 节前两道习题。）

根据我们已有的知识，计算两条线段之间最短距离的算法逐渐清晰起来。我们只需找出两节车厢都不会被迫移动的所有情况，然后从中选出最佳情况即可。

考虑任意一节车厢，以及连着它的橡皮筋。在什么情况下，这节车厢不会被迫移动呢？我们可以轻松列出以下几种情况。

1. 橡皮筋的长度已经为 0。两节车厢位于同一位置（因此它们对应的线段必然两头都是该点）。
2. 橡皮筋与该车厢所在的线段垂直，因此作用于该车厢的力在相关方向上的分量为 0。
3. 该车已经停在所在线段的一个端点上。橡皮筋试图继续拉动车厢，但轨道已经到头，车厢无法再移动。

在最优配置中，两节车厢各自都处于上述 3 种情况之一。通过排除不可能的情况并利用对称性，我们最终得到两节车厢可能的 4 种情况。

1. 两条线段共享一个公共点，两节车厢都位于该点。
2. 每节车厢都位于各自线段的一个端点。
3. 一节车厢位于其线段的端点，橡皮筋与另一条线段垂直。
4. 橡皮筋同时与两条线段垂直。

图 3-12 展示了前 3 种情况。请注意，在上述分析中，我们并未指定维度的数量。我们刚刚推导的情况适用于二维、三维，甚至更高维度的情况。

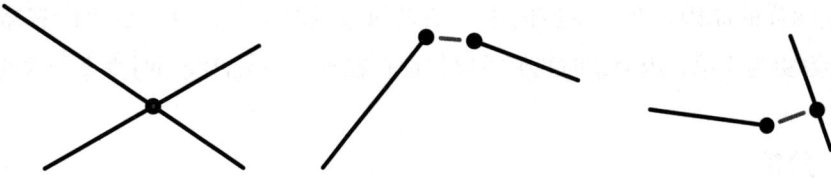

图 3-12 三个二维示例中的最短距离

该算法的一种简单实现实际上就是考虑了所有符合上面描述的情况（无论它们是否为最优情况），然后选择两节车厢彼此距离最近的情况。根据我们的分析，这种情况一定是最优的。

以下是适用于二维和三维情况的算法伪代码。

1. 检查两条线段是否有公共点。如果有，则它们的距离为 0。

2. 对于第一条线段的每个端点 P，以及第二条线段的每个端点 Q：计算 P 和 Q 之间的距离。

3. 对于每条线段的每个端点 P：计算其在另一条线段所在直线上的垂直投影 P'。检查该投影点是否位于另一条线段上。如果是，计算 P 和 P' 之间的距离。

4. 检查是否存在一条线段 s 同时垂直于我们给定的两条线段（且 s 的两个端点分别位于给定的两条线段上）。如果存在，计算该线段的长度。

最后，请注意以下简化：如果是在二维空间中，我们可以完全省略第 4 步。这是因为只有当线段平行且其中一条线段在另一条线段上的垂直投影非空时，才会出现这种情况。然而，如图 3-13 所示，这种情况在第 3 步中已经处理过了。

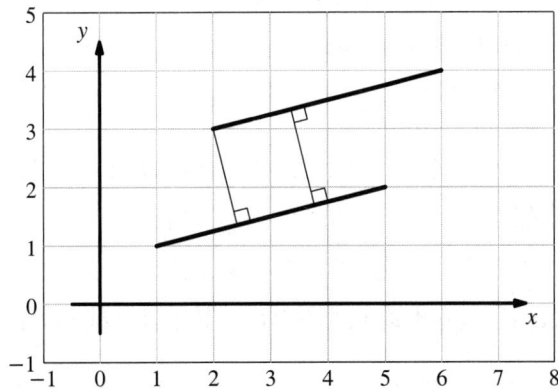

图 3-13 在二维情况下，第 4 步的情况（两线段间的垂直距离）总是被第 3 步的情况（最短距离的一端为线段端点）所涵盖

出于同样的原因，在三维空间中，如果两条线段平行，我们也可以省略第 4 步。这使得计算更为简单，因为此时我们可以保证存在唯一一条直线同时垂直于这两条线段。

3.2.3 分析

本节的分析与其他大多数章节有所不同。我们不会讨论与该问题相关的科学研究，因为针对这样一个简单问题并没有专门的文献。此外，最优解的时间复杂度也是显而易见的——它必须是常数时间的。

取而代之的是，我们将在本节中回顾算法的技术细节，并展示如何优雅地实现它们。我们需要以下几何基本操作。

- ❑ 计算两个点之间的欧氏距离。
- ❑ 求一个点到一条直线的垂直投影（正交投影）。
- ❑ 检查一个点是否位于一条线段上。
- ❑ （在三维空间中）检查两条线段是否平行。
- ❑ （在三维空间中）找到一条同时垂直于两条给定的不平行线段的直线。

在任意维度空间中，计算两个点之间的距离都是很容易的。

图 3-14 展示了我们需要的第二个几何基本操作：将一个点（图中的 Q_0）正交投影到一条直线（图中的 P_0P_1）上。同样地，无论维数是多少，利用向量的点积（标量积）都可以轻松计算正交投影。回忆一下，两个单位向量（长度为 1 的向量）的点积等于它们夹角的余弦。因此，一个点在直线上的正交投影可以如下计算：令 $u = Q_0 - P_0$，并令 v 为沿着 $P_1 - P_0$ 方向的单位向量，那么 P_0 与 Q_0'（Q_0 在 P_0P_1 上的投影点）之间的距离可以通过点积 $s = u \cdot v$ 计算，因此，Q_0' 可以表示为 $P_0 + sv$。

注意，一般情况下 Q_0' 可能并不位于实际的线段 P_0P_1 上。这就是我们需要前面提到的第三个基本操作的原因：检查计算得到的点 Q_0' 是否位于线段 P_0P_1 上。我们已经知道 Q_0' 位于直线 P_0P_1 上，并且我们知道 $Q_0' = P_0 + sv$。从这个表示中，问题的答案显而易见：当且仅当 $0 \leqslant s \leqslant d$ 时，Q_0' 才属于线段 P_0P_1，其中 d 是线段 P_0P_1 的长度。

以上内容足以完全解决二维情形下的问题。我们知道如何检查所有 8 种可能性（其中 4 种涉及端点对，另外 4 种涉及将一个端点投影到另一条线段上）。一旦检查完毕，计算得到的最短距离即为我们所求的答案。

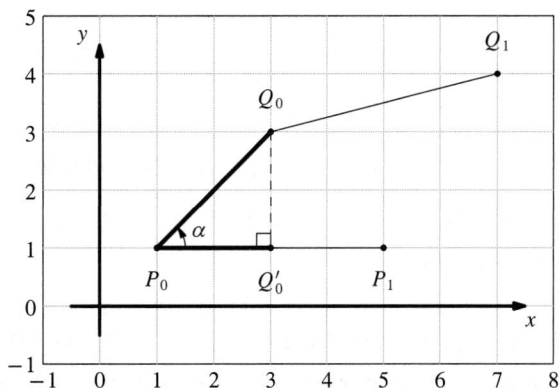

图 3-14 在计算线段 P_0P_1 与 Q_0Q_1 之间的距离时，我们需要找到点 Q_0 在包含线段 P_0P_1 的直线上的正交投影

在三维空间中，我们可能仍需考虑最后一种可能的情形，即图 3-8 所示的情况。我们首先要检查两条线段是否平行。如果它们不平行，则连接这两条线段的最短线段可能恰好同时垂直于这两条线段。

设我们的两条线段为 P_0P_1 和 Q_0Q_1。令 u 和 v 分别为方向 $P_1 - P_0$ 和 $Q_1 - Q_0$ 上的单位向量。这样，我们可以将包含线段 P_0P_1 的直线表示为点集 $P_0 + su$，其中 $s \in \mathbb{R}$。类似地，另一条直线可表示为点集 $Q_0 + tv$，其中 $t \in \mathbb{R}$。现在，我们可以通过检查 $|u \cdot v| = 1$ 是否成立，轻松判断这两条直线是否平行。如果直线平行，算法终止——如前所述，平行的情况已在之前的情形中考虑过。下面我们讨论 u 和 v 不平行的情况。

考虑向量 $w = (Q_0 + tv) - (P_0 + su)$。我们希望找到 s 和 t，使得 w 同时垂直于 u 和 v。因此，标量积 $u \cdot w$ 和 $v \cdot w$ 必须同时为 0。这给我们提供了一个关于 s 和 t 的二元线性方程组。在非平行的情况下，这个方程组具有唯一解。

计算得到的值 s 和 t 给出了连接直线 P_0P_1 和 Q_0Q_1 的最短线段的端点 S 和 T。为了计算线段 P_0P_1 和 Q_0Q_1 之间的最短距离，剩下要做的就是检查点 S 是否位于线段 P_0P_1 上，以及点 T 是否位于线段 Q_0Q_1 上。这一点我们已经知道如何实现。

另一种解决此问题的方法在文献 [6] 中给出，使用的是微积分方法：点 $P_0 + su$ 和 $Q_0 + tv$ 之间距离的平方是关于 s 和 t 的二次函数。如果最优解垂直于两条线段，我们知道最短距离线段的每个端点在各自所在的直线上都对应一个局部最小值。因此，距离平方函数对 s 和 t 的一阶偏导数必须同时为 0。由此我们可以计算出 s 和 t。

3.2.4 经验

二维情况足够简单，不需要借助比喻就能解决，但三维几何通常较为复杂，许多学生在学习时会遇到困难（他们通常将此归因于自己的空间想象力不足）。我们的比喻方法通过降低维度来帮助学生理解——我们不再面对整个三维（甚至多维）问题，而只需解决两个更简单的二维问题。

在讲解这个问题时，另一个有用的工具是实际的立方体线框模型。这种模型很容易用几根金属丝制作出来，它可以帮助学生直观地理解两个线段在三维空间中的各种可能位置关系。

可以注意到，我们在图 3-8 中也使用了这样一个立方体模型，以便在二维图形中更好地展示三维情况。

3.2.5 习题

习题 3.6 在对比喻的描述中，我们只需要局部最优性：如果车厢的位置是最优的，那么它们就不会移动。这两个陈述之间实际上是否等价？也就是说，无论维度是多少，当两节车厢都不移动时，它们之间的距离是否总是最短的？

习题 3.7 另一个与前一个问题相关的问题：是否总是有且只有一种情况，使得两节车厢都不会被橡皮筋拉动？如果是，为什么？如果不是，那么它在二维情况下成立吗？

习题 3.8 在二维情况下，两个圆之间的最短距离可能有哪些情况？

线段与圆之间呢？你能设计一个完整的算法来计算它们之间的距离吗？

在上述两种情况（圆与圆或圆与线段）中，你能否找到一种情形，使得两节车厢都不会受到橡皮筋的拉动，但它们之间的距离不是最优的？

习题 3.9 在分析部分，我们描述了一种算法，用于计算三维空间中两条线段之间的最短距离。这种算法在超过三维的情况下也适用吗？如果不适用，需要做哪些修改才能使其适用？

3.3 环绕数

3.3.1 概述

在本节和下一节中，我们将处理多边形和折线。

闭合折线是指起点和终点重合的折线。有时，我们会给折线赋予方向。这时，闭合折线可以看作一系列有向线段的序列，其中每条线段的起点都是前一条线段的终点，最后一条线段的终点则是第一条线段的起点。

多边形是一条闭合的折线，它自身不会相交或接触。"多边形"这个词也用来表示由这种折线围成的整个区域，包括边界在内。（具体含义通常会在上下文中清晰地体现。）

我们将考虑二维计算几何中的另一个经典问题：判断给定的点是否位于给定的多边形内。

点是否在多边形内的测试

问题实例： 一个点和一个多边形（位于二维平面上）。

问题描述： 检查该点是在多边形内部、边界上，还是在多边形外部。

判断一个点是否位于多边形的边界上可以很容易地在线性时间内完成：对每条边进行检查，看该边是否包含该点。下面我们假设已经进行了这个测试，并且结果为否。也就是说，给定的点要么严格位于多边形内部，要么严格位于多边形外部。

区分这两种情况的经典方法是"射线投射"算法：从给定的点出发，任意选择一条射线（半直线）。计算这条射线与多边形边界相交的次数。如果相交次数为奇数，则该点位于多边形内部；否则，该点位于多边形外部。

虽然这种解决方案背后的思想简单，且其正确性显而易见，但我们并不真正喜欢它，原因是其实现包含了太多特殊情况。注意，我们并不是简单地计算射线与多边形的交点数量。在某些情况下，这种交点被视为穿过边界，而在另一些情况下则不算穿过边界，甚至还有可能出现无限多个交点。一些棘手的情况如图 3-15 所示。事实上，即使是该算法最初发表的文献[14]中也存在一个错误[9]。

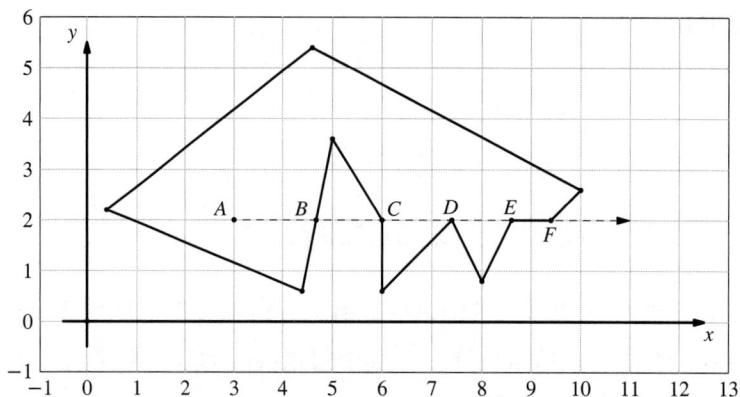

图 3-15 射线投射算法中的一些特殊情况。我们正在检查点 A 是否位于多边形内部。在点 B 处，射线穿过一条边界，从多边形内部穿出。在点 C 处，射线碰到一个顶点后又重新进入多边形内部。在点 D 处，射线碰到另一个顶点，但此次仍然停留在多边形内部。在点 E 和点 F 之间，射线甚至沿着多边形的边界前进了一段距离，最终才离开多边形

一种规避这些棘手特殊情况的技巧性方法是随机选择射线的方向。这些特殊情况仅在射线恰好穿过多边形顶点时才会发生。由于只有有限个方向会穿过多边形的顶点，因此随机选择的射线不会穿过任何顶点的概率是 1。然而，这种方法有两个缺点：在理论分析中，人们更倾向于完全正确的确定性解决方案；在实际应用中，随机选择射线的执行速度会比选择特定射线（例如沿着 x 轴正半轴方向的射线）更慢。

在"比喻"一节中，我们给出了一个简单的比喻，这个比喻最终将引出另一种不太为人所知但更为通用的算法：环绕数算法（winding number algorithm）。随后，在"分析"一节中，我们将讨论该算法的简单实现方式。特别地，如果所有输入坐标都是整数，我们实现中的所有计算都可以仅使用整数完成。

3.3.2 比喻

想象一个男孩站在给定的点上，一个女孩沿着多边形的边界绕行一圈。不论多边形的实际形状如何，如果男孩恰好站在多边形内部，那么女孩最终将绕着他完整地转一圈；而如果男孩站在多边形外部，女孩最终则不会绕着他转一圈。

为了更好地理解这一点，我们给女孩一团线。她将线的一端交给男孩，然后她自己站到多边形边界上的某个位置，沿着多边形边界绕行一圈。在绕行过程中，她始终握着线团，并尽量保持线绷直。男孩则始终握着线的另一端，并始终面向女孩的起始位置。

现在，我们很容易想象出最终的结果。如果男孩站在多边形外部，最终线的状态与最初时完全一样。而如果男孩站在多边形内部，他最终将被线缠绕起来。（更准确地说，线将绕他一圈，然后再延伸到女孩手中。）

图 3-16（男孩站在多边形内部）和图 3-17（男孩站在多边形外部）展示了该过程的两个示例。

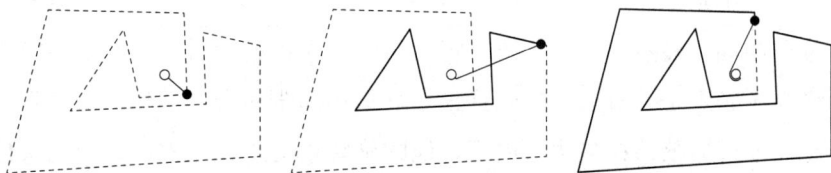

图 3-16 女孩（黑色圆圈）用绳子围绕站在多边形内部的男孩（白色圆圈）。左图为开始时的情形，右图为女孩几乎完成绕行时的情形

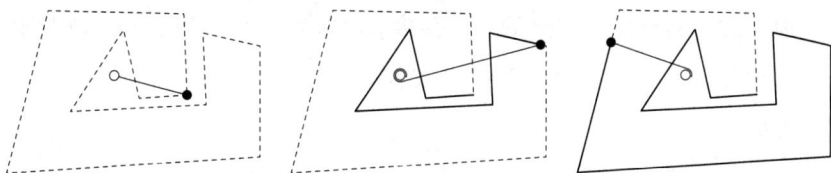

图 3-17 如果男孩站在多边形外部，女孩绕行时不会将他围住

上述过程的结果在直观上很清晰，但令人惊讶的是，要严格证明相当困难（拓扑学中经常会遇到这种情况）。如果你还不相信自己的直觉，我们提供一个易于想象的证明草图。将多边形想象成一个充满气的气球，被强制塑造成当前的形状。当我们松开它时，它会自行伸展并填充凹陷部分，最终变成凸形。在这个连续变化的过程中，只要查询点不穿过多边形边界，上述过程的结果就不会改变。

上述结论的严格证明可以通过多边形的三角剖分来给出。为简单起见，假设该点不位于构成三角剖分的任何对角线上。只要多边形不是三角形，其三角剖分中总存在一个三角形，该三角形与多边形边界共享两条边，并且不包含查询点。我们可以将这样的三角形替换为一条直线段，而不会改变绕绳过程的结果。经过有限次这样的替换后，我们最终会得到一个单一的三角形，该三角形要么包含查询点，要么不包含查询点。

角度求和算法。 现在，我们可以将上述过程转化为我们的第一个算法。为了实现这一点，我们先稍微修改一下这个过程。男孩不再保持静止。他对女孩感兴趣，因此他会原地旋转，使自己始终面向女孩当前所在的位置。当然，如果他这样做，他永远不会被绳子缠绕，因为绳子始终在两人之间形成一条直线。

在这个版本中，男孩旋转了多少角度呢？我们很容易看出以下结论成立：如果男孩站在多边形内部，他的旋转角度总和恰好是 360°（旋转方向与女孩绕着他行走的方向相同）。而如果男孩站在多边形外部，他的旋转角度总和必定是 0°。

如果这一点不够明显，可以考虑下面的论证。假设男孩和女孩并非同时做动作，而是依次进行。首先，我们让女孩绕着整个多边形走一圈（如果男孩恰好站在多边形内部，绳子会绕在他身上）。只有当女孩走完一圈后，男孩才开始旋转，旋转方式与之前版本的过程相同。显然，这种修改（将男孩的旋转推迟到后来）并不会影响最终结果——最终绳子必定是拉直的。换句话说，女孩用绳子所做的动作，男孩随后会完全撤销。因此，如果男孩站在多边形内部，他的旋转角度总和为 360°，而如果他站在多边形外部，则旋转角度总和为 0°。

上述算法可以在线性时间内实现。对于多边形的每条边，计算当女孩从一个顶点走到另一个顶点时，男孩需要转过的有向角度。将所有这些角度相加。如果结果为 0°，则男孩在多边形外部；如果结果为 360°（或者当女孩沿负方向行走时为 −360°），则男孩在多边形内部。

该算法具有一个显著的优势：无须考虑任何特殊情况，且显然具有数值稳定性。但计算角度比简单的线段相交判断要慢，因此该算法实现的常数因子较大。

有向闭合折线与环绕数。判断一个点是否位于多边形内部，实际上只是一个更一般问题的特殊情况。多边形是闭合折线的一种特殊情况。如果闭合折线从不与自身相交，那么显然它将平面分为内外两个部分。然而，一旦允许折线与自身相交，"位于折线内部"的含义就不再明显了。

对定义的一种可能推广是考虑原始过程的结果，即女孩用绳子围绕男孩行走的情形：

对于一个不包含给定点的有向闭合折线，该点相对于该折线的环绕数是折线围绕该点以逆时针方向"环绕"的次数。

图 3-18 展示了一个闭合折线的示例，以及平面中被围区域内各点对应的环绕数。

显然，上文介绍的角度求和算法几乎不需要任何修改，就可以用于计算给定点相对于给定有向闭合折线的环绕数。最终计算得到的角度一定是 $w \cdot 360°$，其中 w 是一个整数，即我们想要的环绕数。

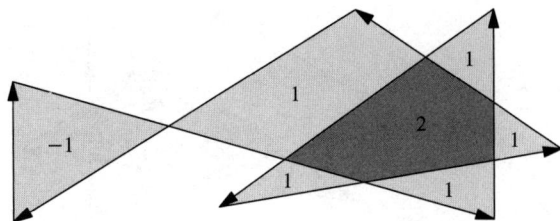

图 3-18　一个闭合的自相交折线及其对应的环绕数。可以注意到，最左侧封闭区域内点的环绕数为负值，因为折线以顺时针方向环绕该区域

在下一节中，我们首先讨论该算法的一种实现方式，然后再将其与射线投射算法结合起来，得到一种兼具两种算法优点的解决方案。

3.3.3　分析

不失一般性，我们假设男孩站在坐标 (0, 0) 处。（在实际实现中，我们可以通过移动整个场景来实现这一点。）现在我们需要确定，当女孩沿着折线的一段——例如从 (x_1, y_1) 到 (x_2, y_2) ——移动时，男孩转过的角度。

进行这种计算的标准方法是使用反正切函数。具体来说，我们计算 x 轴正半轴与向量 (x_1, y_1) 之间的夹角 α_1，以及 x 轴正半轴与向量 (x_2, y_2) 之间的夹角 α_2。这样，男孩转过的角度就可以唯一确定下来，这个角度位于区间 $(-180°, 180°)$ 内，并且在模 $360°$ 意义下等于 $\alpha_2 - \alpha_1$。

需要注意的是，$\arctan(y/x)$ 函数有多个有效的返回值，因此我们需要根据 y 和 x 的符号区分多种情况。然而，大多数现代编程语言提供了一个函数 `atan2(y,x)`，它会自动根据 y 和 x 的符号为我们完成这种区分。因此，为了计算给定的具有 n 条线段的折线的结果，我们需要调用 `atan2` 函数 $2n$ 次，并额外进行 $O(n)$ 次简单的算术运算。

我们如果希望算法实现得更快，就必须避免耗时的三角函数运算。为了在字面和比喻意义上都完成"绕圈"，我们现在引入一个类似于最初的射线投射算法的思想。我们不再让男孩旋转并跟随女孩，而是让他朝着一个固定的方向观察，并计算女孩以每个方向在他面前经过的次数。显然，无论男孩选择哪个方向，只要他将每次顺时针经过计为 -1，每次逆时针经过计为 +1，那么最终的结果必然是他所站位置的环绕数。这一点如图 3-19 所示。

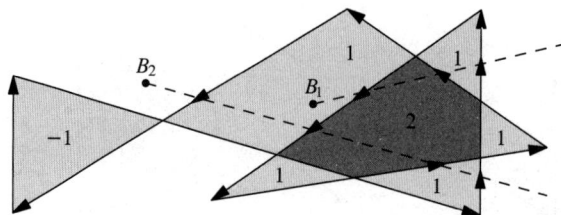

图 3-19 通过统计两个方向上的经过次数来计算环绕数。位于 B_1 的男孩观察到两次逆时针经过和一次顺时针经过。位于 B_2 的男孩观察到两个方向各两次经过（虚线表示男孩的视线）

当然，现在我们可以通过选择一个合适的方向（男孩所看的方向）来简化计算。一个自然的选择是 x 轴的正方向。此时，我们必须小心，以避免图 3-15 中所示的那类问题。

我们规定，如果女孩位于 x 轴上或 x 轴上方，则称她位于上半平面；如果严格位于 x 轴下方，则称她位于下半平面。这种不对称的定义有助于我们消除所有特殊情况：每当女孩从上半平面穿过 x 轴正半轴进入下半平面时，我们记作一次顺时针穿越；如果我们处理的边从下半平面开始，穿过 x 轴正半轴并结束于上半平面，则记作一次逆时针穿越。

注意，同样的不对称推理也适用于原始的射线投射算法。在那里，规则可以表述如下：射线遇到的每个顶点都被视为位于射线上方一个无穷小的距离处。

还要注意，在最终实现中，我们可以将预处理步骤（检查点是否位于折线上）合并到实际算法中。在处理折线的一条线段时，我们需要检查它是否与男孩的视线相交。如果线段直接经过男孩所在位置，则答案为真；如果线段与男孩的视线相交，我们则需要进一步确认这次相交是否应计为某个方向上的穿越。

在实现过程中，只需检查女孩的 y 坐标符号，即可判断她是否穿越了半平面。如果穿越了，只需一次叉积运算，就能确定她是在男孩身后、身前，还是直接穿过了男孩的位置。注意，如果输入的坐标都是整数，那么所有这些检查都可以仅使用整数来实现。这使得实现的时间复杂度有一个特别小的常数因子。

环绕数只是更一般的若尔当曲线定理的一个推论。长期以来，人们一直认为[13]，基于环绕数的测试明显比射线投射测试慢（前者所用时长可高达后者的 20 倍）。直到 2012 年，才有如文献 [15] 中的实现表明，环绕数可以以同样的效率计算。关于环绕数及相关主题的更多背景知识，我们推荐参考文献 [9]。

3.3.4 经验

这是另一个非常适合在课堂上进行动觉活动的比喻。我们让学生拿起粉笔，在地板上画出任意多边形。然后，我们按照"比喻"一节中描述的整个过程进行演示。在随后的几轮中，多边形可以替换为任意闭合曲线，甚至是自交的曲线。至少应有一次，在相同的起始条件下进行两次这个过程：扮演男孩的人一次站立不动，另一次则跟随绕曲线行走的人旋转。

根据我们的研究，基于环绕数的测试方法在教材和教学中并不常见，我们希望未来这种情况能够有所改变。我们通过比喻的方式来说明，这种方法可以像射线投射算法一样直观，同时实现起来更加简单。

3.3.5 习题

习题 3.10　学生们有时会提出以下算法来测试一个点是否位于简单多边形内部：当且仅当从该点向任意方向发出的射线都会与多边形相交时，该点位于多边形内部。（换句话说，从该点出发的任意半直线与多边形的交集都非空。）这个算法是否有效？如果有效，能否高效地实现？

习题 3.11　另一种定义自相交折线内部区域的方法：如果一个不在折线上的点无法从该点出发"不穿过折线而到达无穷远处"，则称该点被折线包围。（更正式地说：点 P 被包围，当且仅当不存在一条从 P 出发且与折线不相交的半无限曲线，使得该曲线上存在距离 P 任意远的点。）

在图 3-18 中，被包围的点集恰好对应于环绕数非零的点集。请找出一个折线的例子，使得这两个集合不同。这两个集合之间是否存在必然的包含关系？

习题 3.12　设计一个算法，用于检测一个点是否被自相交折线所包围。

习题 3.13　假设男孩站在坐标点 $(0, 0)$，面朝 x 轴正方向。同时假设女孩刚刚沿着一条直线从点 (x_1, y_1) 走到点 (x_2, y_2)。请编写一小段代码，判断女孩的行走路径相对于男孩来说是顺时针经过还是逆时针经过。

习题 3.14　假设我们有一条含有 n 个顶点的闭合折线。相对于这条折线，一个点所能具有的最大环绕数是多少？

3.4 多边形三角剖分

3.4.1 概述

多边形是一种非常有用的几何结构，在实际应用中用途广泛。然而，在某些情况下，一般的多边形过于复杂，我们更倾向于处理更简单的几何基元。幸运的是，每个多边形都可以进行三角剖分，即将其划分为一组互不重叠的三角形。下面给出了更精确的定义。

多边形三角剖分

问题实例：一个具有 n 个顶点的多边形。

问题描述：找到一组满足以下条件的三角形。

• 每个三角形的顶点都必须是多边形的顶点之一。

• 任意两个三角形的内部没有公共点。

• 所有三角形的并集恰好等于整个多边形。

通过归纳法，我们可以轻松证明：任何一个具有 n 个顶点的多边形的任何一种三角剖分（如果存在的话）都恰好包含 $n-2$ 个三角形。然而，在一般情况下，多边形三角剖分的存在性并不是显而易见的。

显而易见的是，所有三角形的边都是原多边形的边或某些对角线。因此，多边形的三角剖分可以看作沿着一些内部对角线将其切割成多个三角形。（注意，我们使用术语对角线表示连接多边形任意两个不相邻顶点的线段。内部对角线是完全位于多边形内部的对角线。）

凸多边形的三角剖分很容易实现：只需任意选取一个顶点，并将其与所有不相邻的顶点连接起来。这些内部对角线将多边形划分成所需的一系列三角形，如图 3-20 所示。

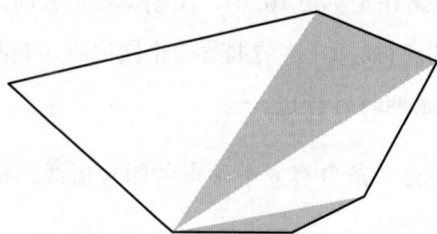

图 3-20　一个凸多边形的三角剖分：选取任意一个顶点，并将其与所有不相邻的顶点连接起来

然而，一旦多边形变成非凸的，问题就变得更加复杂了。显然，上述算法通常会失败，因为某些对角线会部分或完全位于多边形外部。其他简单的启发式方法也无法成功构造出三角剖分。

例如，一种启发式方法是沿着最短的对角线进行切割。（换句话说，我们希望找到多边形中距离最近的两个不相邻顶点，并沿着由这两个点确定的对角线切割多边形。）然而事实证明，在某些情况下这种方法并不可行。

请看图 3-21。图中展示了一个非凸多边形及其三角剖分。虚线表示多边形的两条最短对角线。注意，这两条对角线都不是内部对角线：一条完全位于多边形外部，另一条甚至与多边形的某些边相交。

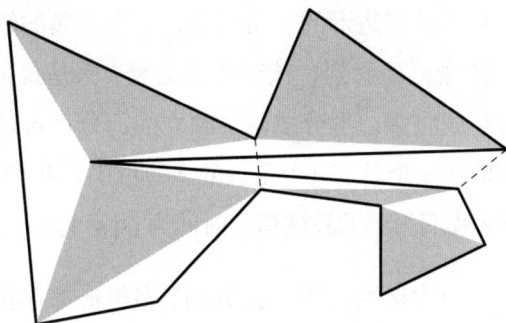

图 3-21　一个非凸多边形的三角剖分。虚线表示两条最短的对角线

简单多边形并不是唯一可以进行三角剖分的几何对象。带孔洞的多边形也可以进行三角剖分（尽管可以证明这样的剖分更难），如图 3-22 所示。此外，也可以对一组点进行三角剖分，即找到一组以这些点为顶点且互不重叠的三角形，使得这些三角形的并集为给定点集的凸包。在所有可能的点集三角剖分中，Delaunay 三角剖分 [5] 具有特殊的地位，因为它具有许多理想的性质，例如在计算机辅助建模中（如图 3-23 所示）。Delaunay 三角剖分与 Voronoi 图之间的对偶关系也经常被用于高效算法的设计中。

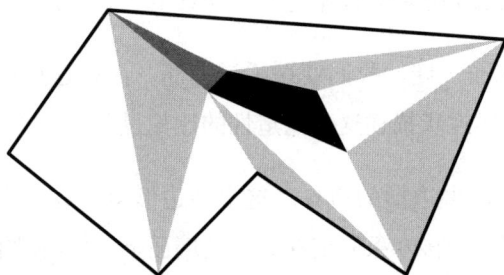

图 3-22　带有黑色四边形孔洞的多边形的三角剖分。值得注意的是，我们需要使用三种不同的颜色来为这些三角形着色

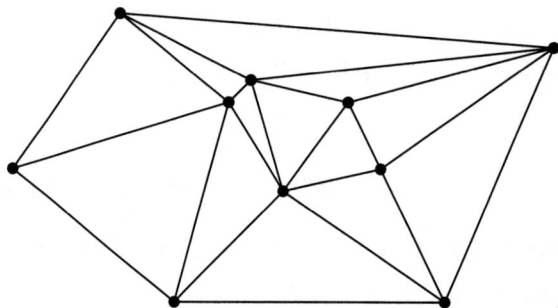

图 3-23　一组点的 Delaunay 三角剖分

几何对象的三角剖分涵盖了计算几何领域中一整类重要问题，在计算机视觉、计算机辅助设计（CAD）、运动规划等众多领域都有广泛的应用。

对于（可能非凸的）无孔多边形的三角剖分，一个经典的解决方案是使用简单的分治技术。我们在图 3-21 中已经看到，该算法的关键步骤是找到多边形的一条内部对角线，然后利用这条对角线将多边形分成两个独立的部分，再递归地对这两个更小的多边形应用该算法。如果在一个具有 n 个顶点的多边形中，我们要花费 $O(n)$ 的时间找到一条内部对角线，那么我们得到的算法运行时间为 $O(n^2)$。

下面给出的比喻是一种构造性证明，表明每个多边形都存在一种三角剖分。具体而言，它表明当 $n > 3$ 时，必然存在一条内部对角线，并且我们可以按照所述算法在 $O(n)$ 的时间内找到这条对角线。

3.4.2　比喻

我们在这里介绍的比喻直观地证明了一个复杂的几何定理，这个具有许多实际应用的定理表述如下：每个多边形都完全包含至少一条对角线（因此一定存在三角剖分）。该证明是构造性的，通过比喻可以很容易地进行可视化理解。借助这个比喻，我们能够清晰地理解如何实现二次分治算法中寻找对角线的子程序。

与本节中的所有比喻一样，我们使用了橡皮筋，而在这里还用到了另一个常用的概念——重力。下面我们逐步描述这个构造性的比喻过程。

首先，用木条拼装出多边形的边界。这个多边形至少有一个凹角。选取其中一个凹角，并在其顶点处用钉子将木条固定在竖直的墙面上。（参见图 3-24 中的两个多边形示例。）

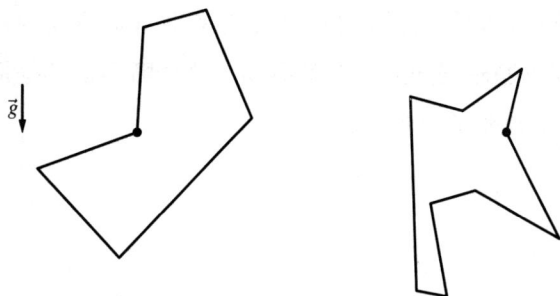

图 3-24 将木条拼装成多边形的边界，用钉子穿过一个凹顶点将其固定在竖直墙面上

然后，旋转多边形，使得该凹角的两条边都朝上，并且没有任何一条边是水平的（图 3-25）。

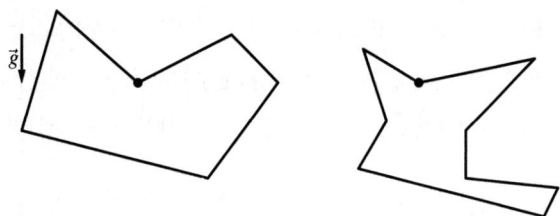

图 3-25 旋转多边形，使从钉子出发的边都朝上，并且没有任何一条边是水平的

接着，取一个系在橡皮筋末端的铅球，将橡皮筋的另一端固定在钉子所在的顶点上，然后松开铅球。显然，铅球会竖直向下掉落，直到碰到多边形的一条边（图 3-26）。

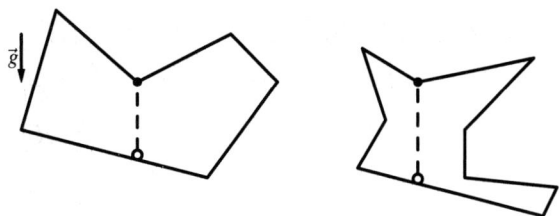

图 3-26 在橡皮筋的一端系上一个铅球，另一端固定在钉子上。放开铅球，球会竖直下落，直到碰到多边形的一条边

最后，让铅球沿着多边形的边滑动，直到它到达一个顶点（图 3-27）。

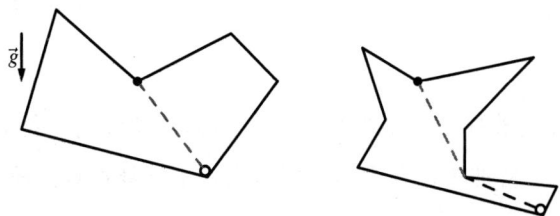

图 3-27 让铅球沿着多边形的边滑动，直到它到达一个顶点

此时，观察橡皮筋。如果它是直的，那么它就是我们要找的对角线。否则，从初始顶点开始，寻找橡皮筋碰到的第一个障碍物。这个障碍物必定是另一个顶点，而它们之间的橡皮筋段就是所求的对角线。

3.4.3 分析

我们在概述部分已经提到，这个比喻引出了一个时间复杂度为 $O(n^2)$ 的三角剖分算法。这个算法并不是最优的。许多教科书（例如文献 [2]）也提供了更快但更复杂的 $O(n\log n)$ 算法。

长期以来，对于无孔多边形，是否存在比 $\Theta(n\log n)$ 更快的三角剖分算法一直是一个悬而未决的问题。Tarjan 和 van Wyk 给出了答案，他们发现了一个时间复杂度为 $O(n\log\log n)$ 的算法 [16]，后来又被改进为时间复杂度为 $O(n\log^* n)$ 的算法。再后来，Chazelle[4] 发现了一个线性时间算法，但该算法非常复杂，并且人们对其完整正确性存在一些疑虑。

一旦多边形可能包含孔洞，从算法的角度来看问题就变得更加困难。由于存在从排序问题出发的一个相当直接的归约，可以证明在许多计算模型中，带有孔洞的多边形的三角剖分问题的时间复杂度必定为 $\Omega(n\log n)$。

最后，我们指出，也存在其他已知的证明和构造方法，可以得到寻找一条内部对角线的时间复杂度为 $O(n)$ 的算法。但据我们所知，没有一种方法比我们上面提出的原始构造更加直观。不过，这里我们还想提到另一种构造，因为它简单且易于实现：设 B 为多边形的任意一个凸顶点，A 和 C 为它的相邻顶点。如果 AC 是一条内部对角线，那么任务完成；否则，考虑所有位于三角形 ABC 内部或边界上的其他顶点（必然存在这样的顶点），设 D 为这些顶点中距离直线 AC 最远的顶点，则线段 BD 必然是一条内部对角线。

我们认为上述算法不够直观的原因之一是，最后一步不能用寻找距离 B 最近的点 D' 来替代。（你能找到一个反例吗？）

3.4.4 经验

多边形三角剖分应被视为一个中级主题，因为实现任何一种算法都需要具备良好的计算几何基础知识。特别地，点积和叉积是实现上述任何算法所必需的工具之一。

在介绍我们的三角剖分算法时，我们明确区分了算法思想（通过比喻进行解释）和算法实现。只有在算法思想清晰之后，我们才开始讨论具体的实现方法：使用叉积找到凹角，将该角的轴线作为向下的方向（而不是实际旋转多边形），找到该半直线与多边形边界的第一个交点，最后再次使用叉积确定比喻中描述的过程结束时橡皮筋首次接触多边形边界的位置。

3.4.5 习题

习题 3.15 找出一些具有唯一三角剖分的多边形。是否存在一个具有 47 个顶点且三角剖分唯一的多边形？

习题 3.16 设计一个多项式时间算法，用于判断一个多边形是否具有唯一的三角剖分。

习题 3.17 证明对于无孔多边形，其任意三角剖分都是双色可着色的。也就是说，你可以用红色和蓝色给每个三角形着色，使得任意两个共边的三角形颜色不同。

习题 3.18 在图 3-22 中，我们展示了一个带孔多边形的三角剖分，它并非双色可着色的——至少我们是这样声称的。你能证明这一点吗？

对于任意有孔多边形的任意三角剖分，三种颜色是否总是足够，还是有时需要更多颜色？

习题 3.19 我们的比喻方法能否也用于对带有多边形孔洞的多边形进行三角剖分？

参考文献

1. Asano, T., Asano, T., Guibas, L.J., Hershberger, J., Imai, H.: Visibility of disjoint polygons. Algorithmica 1(1), 49–63 (1986)

2. de Berg, M., Cheong, O., van Kreveld, M., Overmars, M.: Computational Geometry: Algorithms and Applications, 3rd edn. Springer, Heidelberg (2008)

3. Canny, J.F.: The Complexity of Robot Motion Planning. MIT Press, Cambridge (1988)

4. Chazelle, B.: Triangulating a simple polygon in linear time. Discrete Comput. Geom. 6(5), 485–524 (1991)

5. Delaunay, B.N.: Sur la sphère vide. Izvestia Akademii Nauk SSSR, Otdelenie Matematich-eskikh i Estestvennykh Nauk 7, 793–800 (1934)

6. Eberly, D.H.: 3D Game Engine Design: A Practical Approach to Real-Time Computer Graphics. CRC Press, Boca Raton (2000)

7. Edelsbrunner, H.: Algorithms in Combinatorial Geometry. Springer, Berlin (1987)

8. Guibas, L.J., Hershberger, J., Leven, D., Sharir, M., Tarjan, R.E.: Linear-time algorithms for visibility and shortest path problems inside triangulated simple polygons. Algorithmica 2, 209–233 (1987)

9. Haines, E.: Point in polygon strategies. In: Heckbert, P. (ed.) Graphics Gems IV, pp. 24–46. Academic Press, San Diego (1994)

10. Hershberger, J., Suri, S.: Efficient computation of Euclidean shortest paths in the plane. In: Proceedings of the 34th Annual Symposium on Foundations of Computer Science (FOCS 1993), pp. 508–517. IEEE Computer Society (1993)

11. Hershberger, J., Suri, S.: An optimal algorithm for Euclidean shortest paths in the plane. SIAM J. Comput. 28(6), 2215–2256 (1999)

12. Li, F., Klette, R.: Rubberband algorithms for solving various 2D or 3D shortest path problems. In: Computing: Theory and Applications, 2007. ICCTA '07, pp. 9–19. doi:10.1109/ICCTA.2007.113 (2007)

13. O'Rourke, J.: Computational Geometry in C. Cambridge University Press, Cambridge (1998)

14. Shimrat, M.: Algorithm 112: position of point relative to polygon. Commun. ACM 5(8), 434 (1962)

15. Sunday, D.: Inclusion of a Point in a Polygon. (2012). Accessed 8 Dec 2012

16. Tarjan, R.E., Wyk, C.J.V.: An $O(n \log \log n)$-time algorithm for triangulating a simple polygon. SIAM J. Comput. 17(1), 143–178 (1988)

17. Welzl, E.: Constructing the visibility graph for n-line segments in $O(n^2)$ time. Inf. Process. Lett. 20(4), 167–171 (1985)

第 4 章

字符串与序列

4.1 栈与队列

4.1.1 概述

栈和队列都属于最基本的数据结构，两者关系非常密切。从某种意义上讲，这两种数据结构可以看作互补的：栈是一种后进先出（LIFO）的数据结构，而队列则是一种先进先出（FIFO）的数据结构。因此，这两种数据结构的基本原理通常会一起介绍。

然而，两者在实现难度上存在显著差异。几乎任何一种栈的实现都能达到最优的时间复杂度（每个操作的时间复杂度为常数级别），但初学者在首次实现队列时，其实现方式中某些操作的时间复杂度会变成与存储元素数量成线性关系。

队列实现的难点之一在于，初学队列的学生尚未牢固掌握复杂度理论，因此他们并未意识到自己凭直觉设计的方案实际上效率极低。

造成这一问题的另一个原因是，教师或教科书在解释队列时使用了不恰当的比喻。正是这些比喻误导学生设计出了低效的队列数据结构。

尤其是许多教科书（例如文献 [11, 15] 等）中最常用的比喻包括：

- ❏ 超市里的结账队伍；
- ❏ 在自动扶梯前等待的人群；
- ❏ 在洗车店或加油站排队的汽车；
- ❏ 装配线上的机器零件。

尽管这些比喻很直观，但从数据结构操作的角度来看，它们是最糟糕的队列示例：因为每处理一个元素，其他所有元素都需要移动位置。其中一些甚至在现实生活中效率也很低。例如，当一辆汽车驶离洗车店时，其他车辆都必须启动发动机，依次向前挪动一个位置。同样的情况也发生在超市结账排队时，每当收银台前的人付款离开时，后面排队的人都得向前挪动几步。在其他情况下（如自动扶梯和装配线），现实生活中的效率也仅仅来自我们拥有一种机械方式，可以同时将所有元素向前推进。

4.1.2　比喻

一旦开始留意，我们就很容易发现现实生活中许多智能排队的例子。

智能排队的一个典型例子是一些办事处采用的取号系统。客户到达时，需要按一下机器上的按钮，机器会吐出一张带有号码的纸条。客户随后坐下来等待，直到显示屏上出现他的号码。

大多数学生可能熟悉一些具体场所（如邮局、银行等）使用这种系统的情况。这些号单一般使用固定位数的数，通常是三位数。当号码用完时会发生什么呢？显然，系统会从头开始重新编号。例如，在发出编号为 999 的号单之后，下一张号单的编号又会回到 000。

这个比喻直接对应于使用循环数组和两个指针实现的队列：队头指针（当前正在处理的号码）和队尾指针（下一个要打印的号码）。显然，入队和出队操作的时间复杂度都是常数级别的。这个比喻与实际实现还有其他共同特点，例如两者都明确限制了队列中同时存储的元素数量。

在许多国家和地区，医院候诊室或类似场所也存在另一种巧妙排队的例子。在这些地方，人们并不站成一队，而是随意坐着。每个新病人到达时，会询问类似"谁是在我之前最后一个到的？"这样的问题，并记住那个特定的病人。当那个病人进入诊室后，他就知道自己是下一个要进去的人了。

这个比喻大致（参见习题 4.1）对应于用链表实现的队列。它们的共同特点包括操作的时间复杂度为常数，以及队列中元素数量理论上没有上限。

栈也可以通过合适的比喻来介绍。即使是最简单的比喻，比如一摞书或汉诺塔中的圆盘，也能很好地说明栈的概念。

本书的作者之一在 7 岁时首次接触到栈这种结构，当时他正在街头小贩那里买冰激凌。在斯洛伐克，人们习惯将冰激凌球一个叠一个地放置，如图 4-1 所示。当然，吃冰激凌时必须从上往下吃。但冰激凌小贩是按照孩子点单的顺序将冰激凌球放到甜筒上的。作者当时非常得意地"发现"，只要在点单时将口味顺序反过来，他就能按照自己真正想要的顺序吃到冰激凌球了。

图 4-1　一个放有三个冰激凌球的甜筒

需要注意的是，这个比喻具有很强的文化背景限制。在冰激凌以其他方式供应的国家和地区，这个比喻就不适用了。如果学生缺乏相关经验，仅靠图片解释通常是无效的。在这种情况下，教师应选择更符合当地文化的比喻。例如，我们也曾听到学生说，从街头小贩那里购买一叠比萨切片的经历，也能体现栈的概念。

另外请注意，冰激凌的比喻还可以扩展到更复杂的栈操作，例如甜筒允许对所有元素进行"读取访问"，这与用数组存储的栈类似。

4.1.3　分析

我们假设读者已经很好地理解了栈和队列背后的科学原理，因此在此省略分析部分。

4.1.4　经验

在教授队列时，我们不仅喜欢介绍"智能"的排队示例，也会介绍传统的排队方式，但我们的目的很明确，就是向学生展示（或引导学生发现）传统方式的低效性。实际参与动觉活动，分别演示智能和朴素的排队方式，也有助于学生认识到所有操作都以常数时间完成的重要性。

在介绍取号系统的比喻后，我们建议向学生提出问题"这种系统可能出现哪些问题？"，让学生自己给出一些答案。他们应该能够想到两个主要问题：一是同时到达或等待的人数过多，二是处理人数过多导致号码用完。通常情况下，学生也能提出解决第二个问题的建议。一旦他们自己提出了解决方案，循环数组实现队列的方式对他们来说就会显得很自然。

当学生清楚地理解了高效和低效的排队方式后，我们喜欢给他们一个"跳出思维框架"的谜题，来提高超市结账队伍的效率。这个谜题的解决方案是：与其让队伍中的每个人都移动，不如直接把收银台移动到队伍中的下一个人那里。

4.1.5　习题

习题 4.1　你能否找出用链表实现的队列与前面提到的"医院候诊室"比喻之间的一个重要区别？

习题 4.2　你还能在现实生活中找到哪些排队的例子？它们高效吗？其中有没有适合用来比喻用链表实现队列的例子？

4.2　中值作为最佳集合点

4.2.1　概述

在生活中，我们经常会遇到这样的问题：给定一组对象，需要找到一个新的对象，使其在某种意义上位于这组对象的中心位置。在统计学中，最基本（也是最常见）的操作之一就是估计一组观测值的平均值。另一个属于此类问题的例子是回归分析中的最小二乘法：例如，我们可能希望找到一条直线，使其最优地逼近给定的一组点，逼近的质量用误差的平方和来衡量。

在机器学习中，各种数据聚类和分类的方法也可以归入这一类问题。

在应用计算几何中，我们可能会遇到此类问题，它们以各种设施选址问题的形式出现。在这些问题中，我们需要在给定约束条件下，为新设施寻找一个最优的位置。新设施位置的优劣通常用该位置与已有设施之间距离的函数来衡量。例如，为多家工厂服务的仓库的最佳位置，就是使工厂与仓库之间的（适当加权的）平均距离最小的位置。

在本节中，我们将考虑最简单的设施选址问题之一：下面定义的一维版本。

一维设施选址问题

问题实例：实数轴上的一组有序点 $(x_1, \cdots, x_n)$。

问题描述：寻找一个点 x，使其到所有点 x_i 的距离之和最小。

形式上表述为，最小化 $\sum_i |x - x_i|$。

4.2.2 比喻

我们通过一个简单的故事来介绍这个设施选址问题：将实数轴看作穿过村庄的主干道，村庄里的每座房屋都位于这条道路旁边；有一辆公交车想要为村庄提供服务，现在村民们需要为公交车站选择一个合适的位置。

当然，每个村民都希望公交车站就设在自家门口。车站离家越远，他们对车站位置就越不满意。为了考虑整个村庄的利益，村长决定公交车站的位置应当使每个人从家到车站的平均距离最小。

在给出具体解决方案之前，请注意，最小化平均距离与最小化所有距离之和是完全等价的。这是因为所有距离之和等于平均距离乘以村民人数 n，而村民人数 n 是一个常数。因此，下文我们将讨论如何最小化距离之和，因为这样公式更简单（无须进行除法运算）。此外，如果输入数据都是整数，那么所有计算也可以很容易地只用整数完成。

现在我们来看一下解决方案。故事中的村庄里到底发生了什么呢？在一个阳光明媚的日子，一辆卡车运来了公交站牌，并把它放在了靠近村口的位置。当然，不久之后整个村庄的人都聚集到了站牌旁边。大家你一言我一语，很快就争吵了起来。这时，一个村民抓起公交站牌，开始把它往村庄中心拉去。其他人也迅速加入。不久之后，整个村庄的人都在拉扯这个站牌，但并不是朝着同一个方向拉。显然，每个人都想把站牌拉到自己家附近。

图 4-2 展示了一个示例情况。为简单起见，从现在开始我们假设每座房子里只住着一位村民。

图 4-2　一个村庄及随意放置的公交站牌。公交站牌左侧三座房屋的主人希望将站牌拉向更左边的位置，而右侧的五个人则希望将站牌拉向右边

当然，由于大部分村民朝着同一个方向拉，他们压倒了反对者，开始把公交站牌拉向自己家附近。

但随着他们经过一些房子，越来越多原本属于多数派的村民开始改变主意：他们先是觉得"嘿，这个位置挺好的，我们就停在这里吧？"，紧接着又变成了"停下来，把公交站牌拉回来！"。

最后发生了什么呢？他们达成了某种妥协吗？还是说他们仍在来回拉扯公交站牌？我们马上就会看到答案。

向最优位置收敛。此时，我们需要意识到，故事中描述的这个过程实际上是在减小公交站牌与每座房子之间距离的总和——这就是我们想要最小化的量。

考虑这样一种情况：有 l 个人希望将公交站牌向左移动，而有 r 个人（$r > l$）希望将其向右移动。公交站牌将向人数较多的一侧移动。显然，在公交站牌到达该方向上的下一座房屋之前，情况不会发生任何变化。假设公交站牌在这一阶段移动的距离为 d。与之前的位置相比，现在公交站牌距离右侧的 r 座房屋接近了 d，而距离左侧的 l 座房屋离远了 d，因此总距离的变化为 $d(l - r) < 0$。也就是说，所有距离之和必然减小了。

只要公交站牌两侧的人数不平衡，人们就会继续拉动公交站牌（从而进一步减小所有距离之和）。换句话说，公交站牌的最优位置必须满足：向左右两个方向拉动公交站牌的人数恰好相同。

那么，这样的位置在哪里呢？假设村庄中共有 n 座房屋，按顺序编号为从 1 到 n。如果 n 为奇数，那么满足条件的位置只有一个。公交站牌必须放置在编号为 $(n + 1)/2$ 的房屋前，即坐标为中值（median，也称中位数）的房屋前。我们可以轻松验证，如果将公交站牌放置在其他任何位置，村民们都会将其拉向中值位置。

如果房屋的数量为偶数，那么公交站牌将有多个平衡位置：位于中间两座房屋之间的任何位置，即编号为 $n/2$ 和 $(n + 2)/2$ 的房屋之间的任何位置（也包括正好位于这两座房屋的任意一座前面）。

我们如何判断这些位置中哪一个是最佳的公交站牌位置呢？幸运的是，它们都是最佳位置。这一点可以通过与上述相同的论证轻松看出：在该区间内移动公交站牌位置，会使它与 $n/2$ 座房屋距离变近，而与另外 $n/2$ 座的房屋距离变远，且距离变化量相同。因此，在最佳区间内的任何位置设置公交站牌，其距离之和都是相同的。

4.2.3 分析

虽然路径图上的设施选址问题很简单，但它的许多推广形式很困难，其中只有少数能在多项式时间内求解。这些推广形式包括考虑其他类型的图、顶点权重、多个设施（如果"公交车站"的数量固定为常数 k，则称为 k-中值问题），以及不同的距离度量方式。

可解的版本包括路径上的 k-中值问题[8]，甚至树上的 k-中值问题[16]。这些问题的一些特殊情况将在下面的习题 4.3、习题 4.4 和习题 4.6 中提出。另外，已有研究证明[9]，一般图上的 k-中值问题是 NP 难的。

除了设施选址问题的离散版本外，还有一些具有实际意义的连续版本，其中最简单的一种是：我们不是最小化距离之和，而是寻找直线上的一个点，使其到给定的 n 个点的距离平方和最小。可以很容易地证明，这种情况下的最优解就是均值（mean），即最优解的坐标是输入中所有点坐标的平均值。

在最小化距离平方和的问题中，解法可以直接推广到多维空间而无须任何改变。然而，求中值的问题（最小化距离之和）在二维平面上就已经变得困难了：文献 [2] 指出，这个问题无法通过有理数域上的根式求解。因此，在可以通过算术运算和开 k 次方根来求解代数方程的根的计算模型中，不存在该问题的精确算法。因此，求中值的问题只能通过数值（或符号）近似算法来解决。

4.2.4 经验

我们上面提出的比喻非常清晰，在实际教学中使用时，也未发现学生在思考过程中出现任何不良的误解。在了解了这个比喻之后，学生通常能够独立完成下面给出的许多习题。我们特别推荐习题 4.8，这道题要求学生既要理解一般原理，又要注意细节。

4.2.5 习题

习题 4.3 考虑带权重的公交车站选址问题：输入为房屋的数量 n，每个房屋有其坐标 x_i 和居民人数 v_i。我们希望确定公交车站的位置，使得居民从家到公交车站的平均步行距离最小。如何解决这个问题？

习题 4.4 假设公交车站选址问题中村庄的拓扑结构是一棵一般的树，而不是一条直线。树的每条边都有给定的长度。这种情况下，是否仍能高效地找到最优的集合地点？如果考虑树的加权版本（树的每个顶点可能有多个人），又该如何？

习题 4.5 曼哈顿有 n 个人想要同时见面。你已知每个人当前的坐标位置。请计算出能使平均步行距离最小的集合地点。（假设他们只能步行移动，并且注意在曼哈顿只能沿着东、西、南、北四个基本方向移动。）

习题 4.6 我们的问题有一个更一般的版本（在统计学和数据挖掘中有应用），称为"k-中值"问题。本习题中，我们考虑其最简单的版本。与原问题类似，假设有一个村庄，沿着一条道路建有 n 座房子。现在要在村庄中设置两个公交车站。对于每座房子，我们计算其到最近公交车站的距离。目标是最小化所有这些距离之和。

请设计一个算法，计算出两个公交车站的最优位置。尝试找到一个时间复杂度最优的解法。

习题 4.7 "如果一个解还能改进，那么它就不是最优解"这种一般的思考模式在许多情形下很有用，不仅仅适用于中值问题。请用这种方法解决下面这个稍有不同的问题。

有 n 个孩子，每个人拿着大小不同的水桶，在等待使用一个水泵。他们应该以怎样的顺序给水桶装水，才能使平均等待时间最短？

习题 4.8 在原来的公交车站选址问题中，我们假设村长增加了一个新的限制条件：任何村民步行到公交车站的距离都不能超过 1 km。

首先，设计一个算法，用于检查是否可能满足这个新的限制条件。接下来，设计一个算法（假设满足条件的地点存在），用于找到一个公交车站的位置，使得在满足新限制条件的所有可能位置中，村民步行距离的平均值最小。也就是说，在所有满足新限制条件的公交车站位置中，我们要找到一个使村民步行到公交车站的平均距离最短的位置。

习题 4.9 如果发现村长在上一题中提出的新限制条件无法满足，那么说明村庄太长了，可能需要设置多个公交车站。

请设计一个高效算法，用于计算满足新限制条件所需的最少公交车站数量。（你不必考虑公交车站的最优位置，即我们不关心村民步行距离的总和，我们只希望设置尽可能少的公交车站。）

4.3 子串搜索

4.3.1 概述

信息定位是现代社会的基本需求之一。与信息定位相关的最简单的算法问题之一，就是在一个较长的字符串（文本，通常称为 haystack，意为"干草堆"）中，查找一个较短的字符串（模式，通常称为 needle，意为"针"）是否作为连续子串出现。

在下面的文本中，我们将用 N 和 H 分别表示针字符串和干草堆字符串。同时，我们用 n 和 h 分别表示它们的长度（$n = |N|$，$h = |H|$）。

子串搜索

问题实例：两个字符串 N 和 H。

问题描述：检查字符串 N 是否作为（连续的）子串出现在字符串 H 中。

或：如果存在，找出字符串 N 在字符串 H 中的一个出现位置。

或：找出字符串 N 在字符串 H 中的所有出现位置。

细心的读者一定注意到了，在上面的定义框中，我们实际上定义了三个相关但略有不同的问题版本。这些问题互不相同，并且它们的推广版本也有效率各异的解决方案。但幸运的是，在上述最简单的情形中，这三个问题都能以最优方式解决——解决方案的时间复杂度将与输入规模成线性关系。显然，第三个问题是最一般的，因此我们将重点关注这个版本。在下文中，我们将把这个问题称为"子串搜索问题"。

当然，不同的应用场景需要不同的解决方案。当用户使用浏览器或文本编辑器内置的搜索功能时，其内部实现最有可能使用的是蛮力搜索方法：对每个可能的偏移量 x，从字符串 H 的第 x 个字符开始，将字符串 N 与之逐一比较。这种方法完全可行，因为它简单且足以满足当前任务的需求。

然而，当同一个用户稍后向网络搜索引擎发送查询时，系统就必须使用一套完全不同的算法。此外，生物信息学领域的研究人员在数以 GB 计的数据中定位一段 DNA 序列时，又是另一种情形。子串搜索问题在不同的应用背景下需要采用截然不同的算法。

我们将关注一种最早出现（但用途广泛且至今仍被频繁使用）的渐近最优算法：Knuth-Morris-Pratt 子串搜索算法（简称 KMP 算法[12]，另见文献 [7] 中的第 32 章）。

KMP 算法的一个特殊问题是，其实现过程以容易出错而臭名昭著。特别是在实现时很容易犯差一错误（off-by-one mistake）。我们提出的比喻方法也旨在通过为算法的每个状态赋予明确的物理含义，来避免这些错误。

4.3.2 比喻

原则上，这个比喻将是一个机械装置。对于熟悉形式语言和自动机理论的读者来说，这个装置肯定会让人联想到有限自动机。然而，这个装置与传统自动机（无论确定性还是非确定性）之间存在一些微妙的差别。

机械装置

该机械装置由多个几乎完全相同的模块组成，这些模块从左到右依次排列。每个模块中都有一个标记着单个字母的深坑。总共有 n 个深坑：每个坑对应字符串 N（要找的针）中的一个字母。从左到右，这些深坑中的字母依次组成字符串 N。

我们的比喻也会用到旅鼠：一种因计算机益智游戏系列[①]而闻名的小型类人动物。这些旅鼠遵循非常简单的确定性规则。在我们的比喻中，我们只需要一个规则：所有旅鼠始终以恒定的速度向右行走。当然，每当一只旅鼠遇到一个坑时，它就会掉进坑里并永远消失。

每秒都会有一只旅鼠出现在一排坑的左侧。当然，如果我们什么都不做，这只旅鼠就会一直向右走，直到掉进最近的坑里并消失。

我们只有一种方法可以阻止这种情况发生。我们每秒必须说出一个字母。一旦我们选择了一个字母，所有标记着该字母的坑上方就会神奇地出现桥梁。有了这些桥梁，一些旅鼠就能避免掉进坑里。这些幸运的旅鼠会利用桥梁跨过下一个坑。

选择字母不需要花费任何时间，桥梁也会瞬间出现。一只旅鼠穿过一座桥梁正好需要一秒。一秒过去后，所有桥梁都会消失，我们必须说出下一个字母。

图 4-3 展示了一个带有一些旅鼠的示例装置。

---

① 指 1991 年由 DMA Design 公司开发的一款名为 *Lemmings* 的游戏，中文常译为《旅鼠总动员》。——编者注

图 4-3 字符串 N = COCOA 对应的机械装置。装置中已经有一些旅鼠（以小人图标表示，下同）。字母 C 刚刚被选中，相应的桥梁已经出现。每只旅鼠在接下来一秒内的运动轨迹由箭头表示

让旅鼠通过装置

下面，我们将装置的左端称为起点，右端称为终点。假设我们特别喜欢一只刚刚出现在装置起点的旅鼠，我们希望将它安全地送到装置终点的房子里。我们该如何做到这一点呢？显然，只有一种方法：当旅鼠行走时，我们必须准确地依次说出正确的字母序列，即字符串 N。每个字母都会激活旅鼠在下一秒所需的桥梁（可能也会激活其他桥梁，但目前我们不关心这些）。

值得再次强调的是，每只旅鼠的行为都是确定性的。因此，只要装置起点处有一只旅鼠，如果我们按顺序说出字符串 N 中的字母，这只旅鼠就一定能到达终点。

使用该装置搜索子串

我们将使用上述装置在给定的干草堆字符串 H 中寻找特定针字符串 N（用于构建该装置的字符串）的出现位置。对于字符串 H 中的每个字母，按顺序执行以下步骤。

1. 一只新的旅鼠出现在装置的起点。
2. 我们大声读出当前字母。
3. 一些桥梁出现。
4. 我们等待一秒。在这一秒内，面前有桥梁的旅鼠会跨过坑继续前进，而面前没有桥梁的旅鼠则会掉入坑并消失。
5. 如果有一只旅鼠刚刚到达装置的终点，这意味着我们刚刚在字符串 H 中找到了一个 N 的出现位置。

图 4-4 展示了当我们使用图 4-3 所示的装置，以针 N = COCOA 在干草堆 H = OCOCOC 中查找时，每秒发生的情况。

(a) 第一秒：当前字母为 o，第一只旅鼠掉进坑里

(b) 第二秒：当前字母为 c，旅鼠向前移动一步

(c) 第三秒：当前字母为 o，一只旅鼠前进，另一只旅鼠消失

(d) 第四秒：当前字母为 c，两只旅鼠都向前移动

(e) 第五秒：当前字母为 o，其中两只旅鼠向前移动

(f) 第六秒：当前字母为 c，最靠近终点的旅鼠消失

(g) 最终的状况

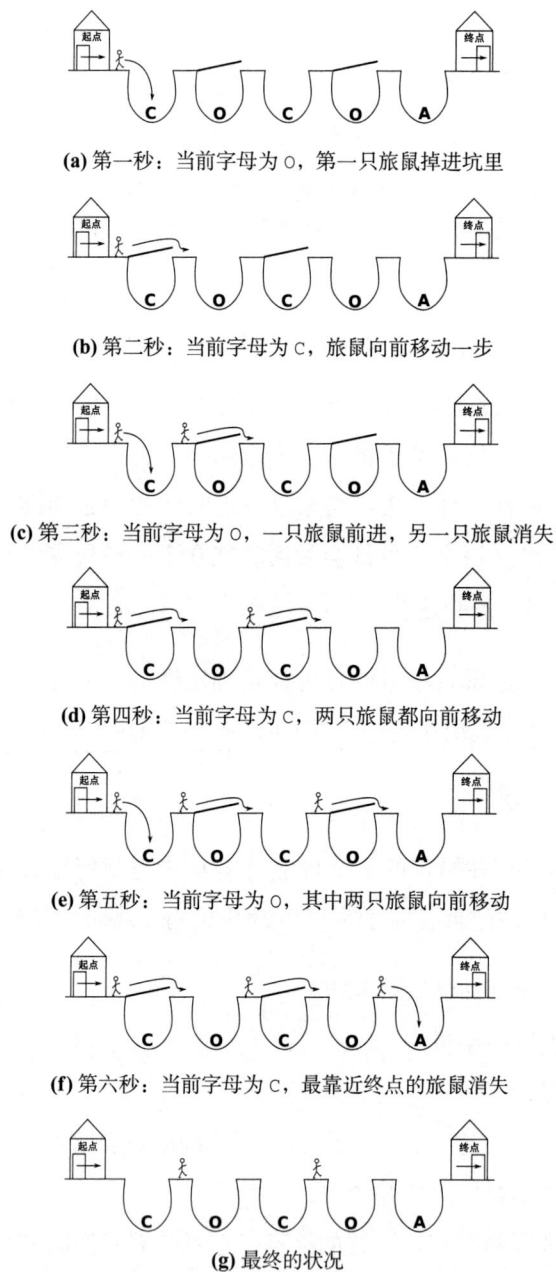

图 4-4 使用字符串 $N = \text{COCOA}$ 的装置处理字符串 $H = \text{OCOCOC}$ 的过程

  显然，这个过程确实能够找到 N 在 H 中的所有出现位置：我们已经知道，对于单只旅鼠而言，这个方法是有效的，现在我们只是同时使用多只旅鼠并行地执行这一过程。

顺序模拟

  显然，我们并不真正关心旅鼠的移动是否连续——我们可以轻松地以离散的步骤

模拟这一过程，每个步骤对应一秒的时间。基于这一观察，我们可以直接将上述过程转化为计算机程序，该程序会读取 N 和 H，然后模拟每个单独的步骤。

一个良好的模拟实现会存储当前"活跃"的旅鼠集合。对于每只旅鼠，我们记录它已经跨越的坑的数量。每当读取 H 中的一个新字母时，我们首先向集合中添加一只新的旅鼠（刚刚出现在装置起点的旅鼠），然后对每只旅鼠检查它是前进还是掉入下一个坑。这种检查可以在常数时间内完成——我们只需将当前 H 中的字母与旅鼠试图跨越的坑对应的字母进行比较即可。掉入坑的旅鼠会从活跃旅鼠集合中移除。

这种模拟的时间复杂度是多少呢？答案很简单：我们可以在常数时间内模拟每只旅鼠的每一步。因此，该算法的总步数与所有旅鼠实际执行的步数成线性关系。

另外，请回忆一下，我们已经知道模拟单只旅鼠的过程等价于检查字符串 N 是否在字符串 H 的某个特定位置出现。因此，模拟所有旅鼠的过程恰好等同于朴素算法：对每个位置（偏移量），将字符串 N 的字母与 H 中对应子串的字母逐一比较，直到遇到第一个不匹配的字母为止。（这个不匹配的字母对应于使该旅鼠掉落的坑。）朴素算法与装置模拟之间唯一的区别在于操作顺序：在模拟装置时，我们总是同时检查多个偏移位置。

因此，我们得出以下两个重要结论：

> 通过旅鼠模拟装置，我们可以正确地解决子串搜索问题；对整个装置进行顺序模拟的最坏情况时间复杂度为 $\Theta(nh)$。

关于最近过去的信息

在继续讲解之前，先思考以下两个问题会有所帮助。首先，观察图 4-5a 所示的装置。该图展示了字符串 $N =$ ABOARD 在模拟过程中的某个时刻的状态。更准确地说，这是在读取字符串 H 的下一个字母之前的瞬间。上一秒使用过的桥梁已经消失，你所能看到的只有所有旅鼠的位置。

你能否判断出刚才读取的 H 的最后一个字母是什么？你还能判断出倒数第二个读取的字母是什么吗？根据图中所见，你最多能重构出 H 中最近的几个字母？

其次，观察图 4-5b 所示的装置。与图 4-5a 类似，这也是装置经过若干秒后的状态。但这次连旅鼠也被隐藏了。你能看到的只有字符串 N 和最右侧旅鼠的位置。

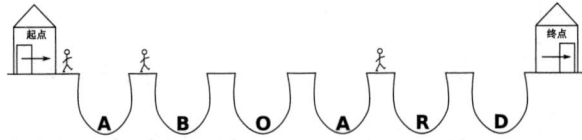

(a) 字符串 N = ABOARD 对应的装置。根据旅鼠当前的位置，能否推断出刚刚读取的 H 的最后几个字母是什么？

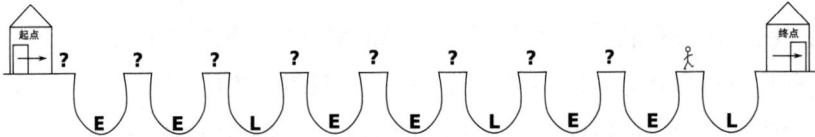

(b) 字符串 N = EELEELEEL 对应的装置。其他旅鼠在哪里？

图 4-5 示例装置，说明了该装置携带着关于过去的信息

此时装置内是否还有其他旅鼠？你能确定它们的位置吗？它们的位置是唯一确定的，还是存在多种可能？为什么会这样？

以下是前面段落中问题的答案。在图 4-5a 中，我们只需观察当前在装置内的旅鼠，就能轻松确定最近读取的字母是 H 中的哪一个。这些旅鼠刚刚跨过了一个标记为字母 A 的坑，因此最近读到的 H 的字母必然是 A。

事实上，通过观察最右边的旅鼠，我们甚至能推断出更多信息。我们已经知道它在上一秒跨过了一个标记为 A 的坑，那么再往前一秒，它必定跨过了一个标记为 O 的坑，以此类推。换句话说，这只旅鼠在它的生命过程中依次跨过了标记为 ABOA 的坑，因此在图中所示情况发生之前，H 中最近读到的四个字母必定是 ABOA。

对于图 4-5b，我们可以用同样的方法推断出，H 中最近读到的 8 个字母必定是 EELEELEE。

对于每个标记着问号的位置，都恰好只有一只旅鼠可能位于该位置，即在恰当秒数之前出现的那只旅鼠。现在我们需要判断这只旅鼠是否真的到达了该位置（并且仍然存活），还是在途中掉进了坑里。而对于每一只这样的旅鼠，我们都能确定答案，因为我们已经知道了这只旅鼠在其生命过程中所听到的确切字母序列。

例如，可能到达我们所见旅鼠左侧紧邻位置的旅鼠，听到的序列是 ELEELEE。（这是最右侧旅鼠听到的最后 7 个字母。）另外，它需要跨越的坑序列标记为 EELEELE。因此，对于这只旅鼠来说，当它需要第二座桥梁时，桥梁并未出现，因此它的旅程结束在左数第二个坑中。

对在我们所见旅鼠之后出发的每只旅鼠重复类似的过程，我们发现装置中一共有 5 只旅鼠：我们所见的那只，听到字母序列 EELEE 的那只，以及位于最左侧三个位置的旅鼠（这三只旅鼠分别听到了 EE、E，以及尚未听到任何字母）。

我们推导出的整个装置如图 4-6 所示。显然，图 4-5b 中的装置并没有什么特殊之处，我们可以对任何其他装置重复同样的推导过程。这引出了下一个重要结论。

> 一只旅鼠的位置总是可以用来重建其左侧所有其他旅鼠的位置。特别地，最右侧旅鼠的位置总是可以用来重建当前装置中所有其他旅鼠的位置。换句话说，如果忘记除最右侧旅鼠之外所有旅鼠的位置，我们并不会丢失任何信息。

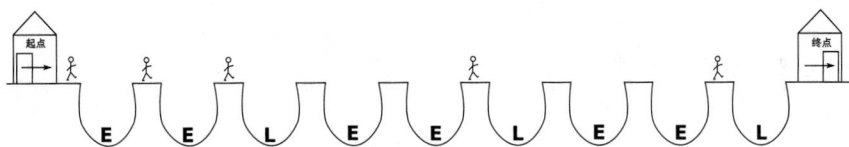

图 4-6 对图 4-5b 所示装置的重建

加速模拟过程

正如我们所知，在任意时刻，最右边的旅鼠携带着我们关于当前装置状态的全部信息。此外，最右边的旅鼠也是最接近目标，即最接近穿越完装置的旅鼠。我们持续跟踪它，就不会错过任何匹配的情况。

为了在接下来的段落中避免差一错误，我们需要清晰地定义一种对装置中位置进行编号的方法：旅鼠的位置定义为该旅鼠已经跨越的坑的数量（或者等价来说，旅鼠存活的秒数）。我们将使用相同的数字来表示旅鼠此刻所站的位置。因此，旅鼠可能的位置范围从 0（起点）到 n（装置终点），包含两端。

在新的、更快速的模拟中，我们将持续跟踪当前装置中最右边旅鼠的位置。因此，模拟的状态只用一个整数表示，即最右边旅鼠已经跨越的坑的数量。

新模拟中的某些步骤会更快：如果最右边的旅鼠遇到另一座桥梁，我们只需将它向前移动一步，就完成了对字符串 H 中一个字母的处理。然而，一旦最右边的旅鼠掉进坑里，我们就没那么幸运了。每当这种情况发生时，我们必须检查装置中其他旅鼠在下一步是否存活，以及存活的旅鼠中哪只成为新的最右边的旅鼠。更准确地说，我们只需要找到新的最右边的旅鼠的位置即可。

我们已经知道了一种计算上述问题的方法,但前面描述的过程速度较慢。实际上,它的最坏情况时间复杂度为 $\Theta(n^2)$。这样一来,整个模拟过程的最坏情况时间复杂度将达到 $\Theta(n^2h)$,甚至比朴素算法还要差。

幸运的是,我们所需的信息并不依赖于 H,因此可以预先计算出来。更准确地说,对于每个介于 1 和 n(含)之间的 i,我们将预先计算出以下问题的答案 $S[i]$:如果第 i 个位置是装置中最右边旅鼠的位置,那么从右边数第二只旅鼠的位置 $S[i]$ 是多少? [①]

例如,考虑图 4-7 中所示的装置。我们可以看到,最右边的旅鼠位于位置 8,这意味着从右边数第二只旅鼠位于位置 5。因此,对于这个装置,我们有 $S[8]=5$。该装置中其他一些 $S[\cdot]$ 的值为:$S[7]=4$,$S[5]=2$,$S[2]=1$,$S[1]=0$。

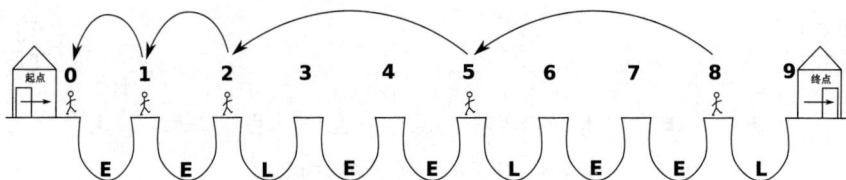

图 4-7 带有位置编号的图 4-6 中的装置。箭头表示存储在 S 中的一些值。例如,最右边的箭头表明 $S[8]=5$

换句话说,值 $S[i]$ 表示当前位置为 i 的旅鼠左侧下一只旅鼠的索引。知道左侧下一只旅鼠的位置后,我们就能高效地找到某个时刻所有位于该装置中的旅鼠:假设最右侧旅鼠的位置为 x,则下一只旅鼠必定位于 $S[x]$,从右数第三只旅鼠(如果存在)位于 $S\big[S[x]\big]$,以此类推,直到到达位置为 0 的旅鼠。

例如,在图 4-7 中,旅鼠分别位于位置 8,$S[8]=5$,$S\big[S[8]\big]=S[5]=2$,$S[2]=1$ 和 $S[1]=0$。

一旦预先计算好数组 S,我们就可以非常高效地模拟整个装置。新的模拟过程可以用以下伪代码描述。

1. 设 f 为我们当前关注的旅鼠的位置。一开始只有一只活跃的旅鼠位于位置 0,因此初始化 f 为 0。
2. 对于字符串 H 中的每个字母 x,进行以下操作。

---

① 所有这些值 $S[i]$ 都是明确定义的,因为一开始总是有一只旅鼠存在。但 $S[0]$ 是未定义的,因为在位置 0 左侧不存在旅鼠。

a. 找到当下一个字母为 x 时，能存活下来的最右侧旅鼠。这可以用一个简单的 while 循环实现。

当 f 已定义时：

x. 检查位置为 f 的旅鼠在下一步是否能存活；

y. 如果能存活，则跳出循环（然后在步骤 2c 中将 f 增加 1）；

z. 如果不能存活，则通过将 f 设为 $S[f]$ 来移动到下一个活跃的旅鼠。

b. 如果 f 未定义（没有旅鼠存活），则将 f 设为 0：处理完 x 后，装置中唯一的旅鼠将是出现在起始位置的那只。

c. 否则，将 f 增加 1：最右边存活的旅鼠穿过桥梁，移动到下一个位置。

这种新模拟的时间复杂度是多少？步骤 2b 或 2c 对于 H 中的每个字母只执行一次。但步骤 2a 有时可能需要多次迭代，有时则完全不需要，因此总的时间复杂度尚不明确。

为了确定总的时间复杂度，我们需要注意到步骤 2a 中的子步骤 2az 对每只旅鼠最多只执行一次——因为我们不会回头再处理已经停止跟踪的旅鼠，这些旅鼠已经消失了。而我们处理的旅鼠总数等于 H 中字母的数量。因此，步骤 2a 的总时间复杂度是关于 h 的线性复杂度。

因此，本节的结论如下。

如果我们预先计算数据，使得能够在常数时间内找到第二靠右的旅鼠的位置，我们就可以加快模拟速度。我们无须模拟所有旅鼠，只需跟踪当前最右边的旅鼠即可。

高效的预计算

为了完成对这个比喻的讨论，我们只需解释如何预先计算数组 $S[i]$。这个算法看起来会意外地熟悉：实际上，我们在上一节中刚刚见过它。

我们将依次计算数组 $S[i]$ 的值，按照 i 的递增顺序进行。假设我们已经知道了从 $S[1]$ 到 $S[i]$ 的值，现在想要计算 $S[i+1]$。在给出一般算法之前，先考虑图 4-8 中的示例。

在图 4-8 所示的情形中，我们已经知道了从 $S[1]$ 到 $S[8]$ 的值（这些值以斜体显示在位置编号的上方）。最右边的旅鼠位于位置 8，从右数第二只旅鼠位于位置 $S[8]=5$。最理想的情况是，这只旅鼠在下一步之后仍然保持第二的位置。然而遗憾的是，在本例中这种情况不会发生。只有当下一个字母是 E 时，位置 8 的旅鼠才会到达位置 9，而在这种情况下，位置 5 的旅鼠会掉进坑里。

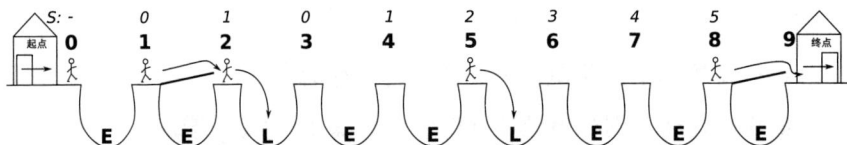

图 4-8 一个示例装置中 $S[9]$ 的计算过程。注意，这个装置与图 4-7 中的装置有所不同：这里最后一个坑的标记为 E

我们刚刚失去了最有希望的候选者，因此必须继续寻找。下一个活跃的旅鼠位于位置 $S[5] = 2$，但如果下一个字母是 E，它也会掉进坑里。需要考虑的第三只旅鼠位于位置 $S[2] = 1$，而这只旅鼠在下一个字母为 E 时实际上能够幸存下来。因此，我们得到 $S[9] = 2$，即原本位于位置 1 的旅鼠在下一步后幸存下来所处的新位置。

现在，这个算法的一般形式应该已经清楚了。它的实现方式与上一节给出的实现几乎相同，仅有两点不同：我们遍历的字母不再是 H 中的字母，而是 N 中的字母；此外，位置 f 始终指向从右数第二只活跃的旅鼠。

与之前类似的论证可以证明，这种预处理的时间复杂度为 $\Theta(n)$，因此整个算法的总时间复杂度为 $\Theta(n+h)$。

4.3.3 分析

近几十年来，子串搜索问题的许多变体得到了研究和解决，其中值得注意的是后缀数组（suffix array）[13] 和后缀树（suffix tree）[17, 18] 等通用的数据结构。这两种数据结构主要用于干草堆字符串 H 在多次查询中保持不变的情形。

即使在最简单的单次搜索情形下，目前也已有许多高效的算法。例如，Rabin-Karp 算法 [10] 引入了滚动哈希（rolling hash）的概念，这一技术后来被广泛应用于解决更复杂的字符串搜索问题。Boyer-Moore 算法 [3] 则会跳过干草堆字符串中确定不可能包含针字符串的整段内容。然而，Knuth-Morris-Pratt（简称 KMP）算法依然是"工业标准"之一，尤其是因为它能提供大量关于待搜索字符串的信息。

KMP 算法的一个重要推广是针对多个模式的搜索算法，即 Aho-Corasick 算法 [1]，该算法在生物信息学等领域有广泛应用。

KMP 算法的时间复杂度分析与算法本身一样复杂，因为它需要摊还分析。正如我们前面所看到的，比喻的方式也有助于理解这一点——"在模拟过程中，每只旅鼠最多只会被跟踪一次"这一论证清晰且足以证明整个算法的线性时间复杂度。

4.3.4　经验

过去几年中，我们尝试了 KMP 装置的不同变体。例如，我们曾尝试以如图 4-9 所示的方块为基本构件构造竖直结构装置。使用该装置时，我们以固定的时间间隔将小球投入最上方的方块中，方块内的小人通过操作杠杆，决定让小球继续向下通过，还是将其从装置中掉出。

这种特定版本装置的问题在于开关。为了模拟整个装置，每读取一个字母后，都必须正确地设置所有开关。增加了这一操作后，朴素模拟的时间复杂度变得更差：对于每个可能的输入，它变成了 $\Theta(nh)$。

我们所提出的旅鼠比喻最显著的好处之一，就是在实现 KMP 算法时，明显减少了差一错误的数量。当我们教授教科书版本的 KMP 算法时，学生们在实现过程中犯了大量错误。而通过这种清晰且具体的比喻定义（例如，我们跟踪最右边的旅鼠，状态是它经过的坑的数量），这个问题就不再存在了。

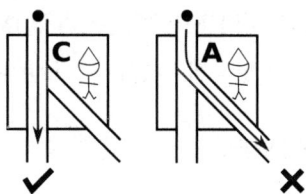

图 4-9　另一种 KMP 装置的基本构件

在通过这种比喻理解了 KMP 算法之后，我们的学生可以轻松地设计出算法的各种变体。尤其值得一提的是，一些学生甚至能够独立地提出更一般的 Aho-Corasick 算法中的大部分关键思想。

习题 4.13 介绍了 Aho-Corasick 算法所解决的问题。请注意单词搜索问题的一个重要特征：我们要搜索的单词中，没有任何一个单词是另一个单词的子串。关于该问题的更详细的分析、解决方案以及我们对学生表现的经验总结，请参见习题 4.13 的解答部分。

4.3.5 习题

习题 4.10 我们有一个对应某个未知字符串 N 的装置。刚刚处理完字母 x，此时装置中共有 7 只旅鼠，包括刚刚出现在位置 0 的那只。那么字符串 N 中可能包含多少个字母 x？

习题 4.11 如果字符串 N 满足周期为 p，则对每个有效的 i，都有 $N[i] = N[i+p]$，即字符串 N 的第 i 个字母与第 $(i+p)$ 个字母始终相同。

假设你有一个对应未知字符串 N 的装置，并且已经预先计算好了该工具对应的数组 $S[\cdot]$ 的值。这些值能否用来确定字符串 N 的最短周期？

习题 4.12 我们有一个对应某个未知字符串 N 的装置。当前最右边的旅鼠位于位置 17，右边第二只旅鼠位于位置 12。那么我们能推断出位置 7 的情况吗？位置 11 又如何？

习题 4.13 给定一个单词搜索谜题：一个由字母组成的矩形网格，以及一组单词，解答的目标是在网格中找到所有给定的单词。每个单词可能出现在 8 个方向之一：水平、竖直或对角线方向。题目保证每个单词在网格中只出现一次，并且没有任何一个单词完全被另一个单词覆盖。

一个相对高效的解决方案是使用 KMP 算法，在网格的每一行、每一列和每一条对角线上分别搜索每个单词。试着寻找一种更好的解决方案。

提示：是否可能只一次读取网格的一行，就能报告出其中包含的所有单词？

参考文献

习题解答部分的参考文献也列于此处。

1. Aho, A.V., Corasick, M.J.: Efficient string matching: an aid to bibliographic search. Commun. ACM 18(6), 333–340 (1975)
2. Bajaj, C.: The algebraic degree of geometric optimization problems. Discrete Comput. Geom. 3, 177–191 (1988). doi:10.1007/BF02187906
3. Boyer, R.S., Moore, J.S.: A fast string searching algorithm. Commun. Commun. ACM 20(10), 762–772 (1977)
4. Canny, J.F.: The Complexity of Robot Motion Planning. MIT Press (1988)

5. Chazelle, B.: Triangulating a simple polygon in linear time. Discrete Comput. Geom. 6(5), 485–524 (1991)

6. Chen, J., Han, Y.: Shortest paths on a polyhedron, part I: computing shortest paths. Int. J. Comput. Geom. Appl. 6, 127–144 (1996)

7. Cormen, T.H., Leiserson, C.E., Rivest, R.L., Stein, C.: Introduction to Algorithms, 3rd edn. MIT Press (2009)

8. Hassin, R., Tamir, A.: Improved complexity bounds for location problems on the real line. Oper. Res. Lett. 10, 395–402 (1991)

9. Kariv, O., Hakimi, S.L.: An algorithmic approach to network location problems, Part II: p-medians. SIAM J. Appl. Math. 37, 539–560 (1979)

10. Karp, R.M., Rabin, M.O.: Efficient randomized pattern-matching algorithms. IBM J. Res. Dev. IBM J. Res. Dev. 31(2), 249–260 (1987)

11. Keogh, J.E., Davidson, K.: Data Structures Demystified. McGraw-Hill (2004)

12. Knuth, D.E., James, H., Morris, J., Pratt, V.R.: Fast pattern matching in strings. SIAM J. Comput. 6(2), 323–350 (1977)

13. Manber, U., Myers, E.: Suffix arrays: a new method for on-line string searches. SIAM J. Comput. 22(5), 935–948 (1993)

14. Mirzaian, A.: Triangulating Simple Polygons: Pseudo-Triangulations. Tech. rep., York University (1988). Tech. Report No. CS-88-12

15. Sedgewick, R., Wayne, K.: Algorithms, 4th edn. Addison-Wesley Professional (2011)

16. Tamir, A.: An $O(pn^2)$ algorithm for the p-median and related problems on tree graphs. Oper. Res. Lett. 19, 59–64 (1996)

17. Ukkonen, E.: On-line construction of suffix trees. Algorithmica 14(3), 249–260 (1995)

18. Weiner, P.: Linear pattern matching algorithms. In: Proceedings of the 14th Annual Symposium on Switching and Automata Theory (SWAT 1973), pp. 1–11. IEEE Computer Society (1973)

习题解答

2.1 节习题：图中的单源最短路径

习题 2.1　从小球–绳子的模型来看，这样的路径存在，当且仅当绳子 uv 没有松弛。

从 Dijkstra 算法计算的距离来看，如果 $\ell(uv)$ 表示边 uv 的长度，我们必须满足 $D[v] = D[u] + \ell(uv)$ 或反过来成立。

注意，只要边 uv 满足这个条件，我们就可以将 t 选为 u 或 v 中的任意一个，更准确地说，选取这两个顶点中距离 s 较远的那个。

习题 2.2　从小球–绳子模型来看，我们的问题是：如果剪断表示 uv 的绳子，是否会有球进一步向下掉落？

如果绳子 uv 是松弛的，答案是否定的。否则，不妨假设 v 是两个球中位置较低的一个。显然，如果剪断 uv 后有球会进一步掉落，那么球 v 一定在其中。因此，只需检查球 v 是否会进一步掉落即可。而要检查这一点，我们只需检查当前从 v 向上连接的绳子即可。

从 Dijkstra 算法计算的距离来看，我们需要检查是否存在一个顶点 $x \neq u$，满足 $D[x] + \ell(xv) = D[v]$。

习题 2.3　我们可以轻松设计出一些图类，使得两个给定顶点之间路径的总数随顶点数量呈指数级增长。图 A-1 展示了这样一个图类。因此，我们在时间复杂度方面所能期望的最好结果，就是与输出规模呈线性关系的解法。

在实际生成路径之前，我们将运行两次 Dijkstra 算法：一次从 s 出发，计算距离 $D_s[\cdot]$；另一次从 t 出发，计算距离 $D_t[\cdot]$。利用这两组距离，我们可以轻松地编写一个递归算法，通过回溯法生成所有从 s 到 t 的路径，而不会生成其他路径。帮助我们避免生成其他路径的主要观察结论是：一个顶点 x 位于从 s 到 t 的某条路径上，当且仅当 $D_s[x] + D_t[x]$ 等于 s 与 t 之间的最短距离（$D_s[t]$）。

习题 2.4 从小球 - 绳子模型来看，当模型以顶点 s 悬挂时，所有从 s 到 t 的路径上的边都将竖直向下。如果我们取原始图，仅保留这些边，并相应地给它们指定方向，我们将得到一个有向无环图。在习题 2.3 中，我们已经展示了如何使用回溯法生成这种图中的所有路径。现在我们需要统计这些路径的数量。

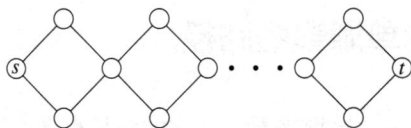

图 A-1 一个路径数量呈指数级增长的图类（所有边的长度均为单位长度）

我们可以很容易地在习题 2.3 的算法中加入记忆化：对于每个顶点 v，我们将计算并存储经过 v 的从 s 到 t 的路径数量，或者等价地，从 v 到 t 的路径数量。当处理顶点 v 时，我们找到 v 在路径上的所有可能后继顶点，递归地计算每个后继顶点的路径数量，并将这些数量相加，从而得到从 v 到 t 的路径总数。

使用动态规划的等效解法首先计算从 s 到所有其他顶点的距离，然后按照距离对顶点进行排序，从 t 开始，最后到 s 结束。

习题 2.5 假设我们要缩短的边为 uv。用小球 - 绳子模型来描述，考虑对应的绳子的松弛量。如果我们缩短的长度严格大于这个松弛量，那么就会有一些距离发生变化——新的更短的绳子会将其下端的球从当前位置向上拉动。否则，图显然不会发生任何变化。

用 Dijkstra 算法计算的距离来表示，我们需要检查 $|D[u] - D[v]|$ 是否大于边 uv 的新长度。

习题 2.6 不妨设顶点 v 是由于缩短边 uv 而被移动的顶点。在小球 - 绳子模型中，球 v 可能会将其他一些球向上拉动。我们需要找出这些球，并重新计算它们的新距离。这可以通过将 v 标记为（当前）唯一未完成的顶点，继续执行 Dijkstra 算法，并在顶点的距离得到改善时将其标记为未完成来实现。

习题 2.7 每当改善一个顶点的距离时，我们就记录下用于改善距离的那条边。当算法终止时，我们会得到一组 $n-1$ 条记录下来的边（除了 s 之外，每个顶点对应一条边）。这些边显然构成了一棵路径树。其他的 $m+n-1$ 条边可以安全地移除。如果再移除更多的边，图就会变得不连通，因此移除的边数必然是最优的。

习题 2.8 固定一条特定路径。对路径上的每条链执行以下操作：剪断该链，测量树 t 的新深度，然后再将链接回去。所有测量得到的新深度中最小的那个，就是第二长路径的长度。该算法可以直接实现，显然其运行时间是顶点数量的多项式函数。（但请注意，存在更高效的算法来解决这个问题。）

2.2 节习题：树中的最长路径

习题 2.9 略。

习题 2.10 略。

习题 2.11 在所描述的情形中，将树以中心顶点悬挂起来进行可视化更为清晰，如图 A-2 所示。令 d_i 表示第 i 棵子树中具有全局最大深度的顶点数量。每条最长路径都可以通过选择两个这样的顶点作为端点来唯一确定，但有一个条件：所选的两个端点不能位于同一棵子树中。因此，最长路径的数量可以通过计算所有可能的顶点对数并减去不合法的组合来轻松得到：$\left(\left(\sum d_i\right)^2 - \sum d_i^2\right)/2$。

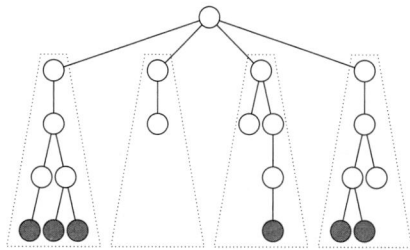

图 A-2 一棵直径为偶数的树，以其中心为根。阴影标记的顶点是所有最长路径的端点。在这棵树中，共有 11 条不同的最长路径

习题 2.12 是的，同样适用。可以使用与无权版本完全相同的可视化方法来证明这一点。（对于整数边长的情况，可以在每条边上插入额外顶点，将每条边细分为长度为 1 的边，这样更容易理解。）

此外，算法实现方式也完全相同——因为树中任意两个顶点之间的路径都是唯一的，所以可以使用任意树遍历方法来计算路径长度并找到最远的顶点。

习题 2.13 这个算法在此情况下并不可行。下一道习题中给出的改进版本也不可行，我们将在下面给出一个反例。

习题 2.14 在稠密图中，一次广度优先搜索的时间复杂度为 $\Theta(n^2)$。每次迭代中，当前顶点对之间的距离都会增加。由于直径不可能超过 $n-1$，因此最多会执行 $n-1$ 次广度优先搜索，总的时间复杂度上限为 $O(n^3)$。

（此时，引出另一道习题：这个上限是否真的紧密？）

习题 2.15 图 A-3 展示了一个反例。假设算法从顶点 a 开始。唯一距离为 3 的顶点是 b，其他顶点的距离都严格小于 3。下一步，我们从顶点 b 开始，发现最远的顶点是距离为 3 的 a。此时算法终止。然而，这个结果是错误的——顶点 x 和 y 之间的距离显然为 4。

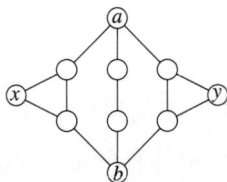

图 A-3　这个看似巧妙的最长路径算法可能无法找到一般图的直径

习题 2.16 人们经常混淆图的直径和最长简单路径的长度。在树中，这两个概念是一致的；但在一般图中（即使所有边的长度都是单位长度），这两个概念是不同的。验证图中是否存在长度为 k 的简单路径是 NP 完全问题——检查图中是否存在哈密顿路径是该问题的一个特例。

另外，直径却可以很容易地在多项式时间内计算出来：我们只需计算每一对顶点之间的距离，然后输出这些值中的最大值即可。

3.1 节习题：带障碍物的最短路径

习题 3.1 两种情况的答案都是肯定的。橡皮筋的比喻仍然适用。对于圆形障碍物，橡皮筋必然会形成圆的切线。因此，在构建可见性图时，我们需要考虑从多边形的顶点到给定圆的切线，以及一对圆之间的公切线。对于任意给定的一对物体，这样的切线数量都是常数，并且可以在常数时间内找到。参见图 A-4 中的示例。

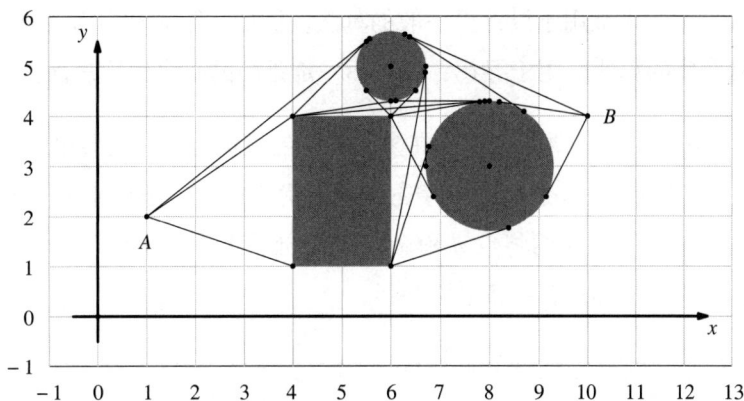

图 A-4　多边形障碍物和圆形障碍物的可见性图

习题 3.2　正如题目提示所指出的，可能存在橡皮筋接触多面体障碍物某条棱的情况。这为什么会成为问题呢？因为在这种情况下，我们无法轻易确定橡皮筋具体会接触到棱上的哪个位置。一般来说，可能的接触点有不可数个，因此构建有限可见性图的方法在此失效。

然而，这不应被视为我们的比喻的缺陷，也不应被视为我们无法找到正确公式来计算橡皮筋接触边的位置。第 4 章参考文献 [4] 已经证明，在三维空间中，带有多面体障碍物的路径问题是 NP 难的。

习题 3.3　我们寻找的路径显然完全位于盒子的表面上。此外，在盒子的每个面上，路径必然是一条直线段。

图 A-5 展示了一个盒子样本，以及将其展开成平面的一种可能方式。显然，为了获得最优路径，必然存在一种展开盒子的方法，使得最优路径变成连接给定两点的直线段。由于一个盒子的展开方式只有有限几种，因此我们可以逐一尝试所有方式，并从中选出整体最优解。

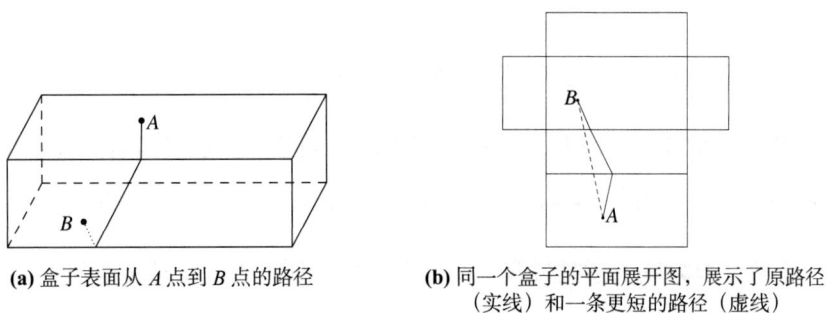

(a) 盒子表面从 A 点到 B 点的路径

(b) 同一个盒子的平面展开图，展示了原路径（实线）和一条更短的路径（虚线）

图 A-5　三维空间中二维表面上的路径问题

这种展开技术后来被用于设计更一般的算法。例如，第 4 章参考文献 [6] 提出了一种二次时间复杂度的算法，用于寻找一般（不一定是凸的）多面体表面上的路径。

习题 3.4 基本上，只要实例中存在多条不同的最优路径，就会出现不稳定性。考虑图 A-6 所示的实例。在这个实例中存在两条最优路径：一条从矩形上方经过，另一条从矩形下方经过。如果我们将点 A 稍微向上或向下移动一点儿，就会得到两个非常相似的实例，每个实例都只有一条最优路径。

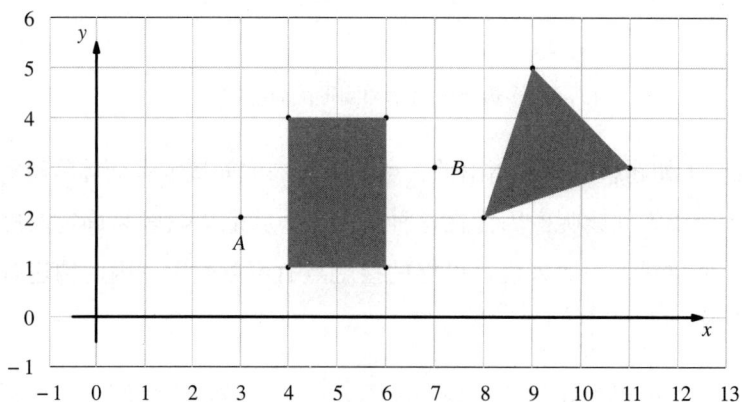

图 A-6 一个具有两条不同路径的实例

习题 3.5 在完成了可见性图上的路径算法后，我们可以利用计算得到的信息重构出所有可能的路径——更准确地说，对于与目标顶点相邻的每条边，我们都可以知道是否存在一条路径使用了这条边。

如果只有一条这样的边（通常情况如此），我们必须沿着这条边的方向将 B 进一步移开。如果我们将 B 移向任何其他方向，橡皮筋就会收缩。因此，只需检查 B 的一个位置即可。为了进行这个检查，我们可以重新计算从 A 到新的 B 的路径，并将距离与我们期望的距离进行比较。然而，只需计算从新的 B 到可见性图中直接可见顶点的距离即可，因为我们已经知道这些顶点到 A 的距离。

如果在原始图中存在多个最佳方向可以到达 B，则答案总是否定的。

这里有一个额外的习题。考虑以下更简单的算法：如果所有路径都通过同一条边到达 B，则沿着该边的方向移动 B 并给出肯定的答案，否则给出否定的答案。

这个算法有效吗？还是说我们上面引入的额外检查确实是必要的？

3.2 节习题：线段之间的距离

习题 3.6   是的，对于线段而言，这两个陈述确实是等价的——每当出现一种配置，使得两节车厢都不移动时，它们之间的距离不仅是局部最小的，也是全局最小的。更多细节请参见下一道习题的答案。

习题 3.7   几乎总是只有一个局部最小距离的配置，即全局最小的配置。唯一可能出现多个局部最小值的情况如图 3-13 所示：当两条线段平行时，可能存在多个最优配置。

习题 3.8   对于两个圆的情况，我们仍然可以使用橡皮筋的比喻来轻松分析可能出现的情况。圆形轨道上的火车车厢不发生移动，当且仅当作用于它的力正好指向圆心或正好背离圆心。因此，如果两个圆不相交，则在最优配置中，两节车厢都位于连接两个圆心的直线上。（当两个圆拥有相同圆心时，会发生什么情况？）

对于圆与线段的情况，我们同样只需检查有限种情况：在最优配置中，橡皮筋必须与圆正交，并且要么与线段正交，要么位于线段的端点处。

注意，当其中一个物体是圆时，除了对应全局最优解的稳定平衡位置外，每节车厢还有一个不稳定的平衡位置，即圆的对侧端点。

习题 3.9   略。

3.3 节习题：环绕数

习题 3.10   所提出的算法并不可行。如图 3-17 所示，男孩位于多边形外部，但他在任何方向上都看不到外部。

习题 3.11   显然，所有环绕数非零的点都被折线所包围。然而，反过来的包含关系并不一定成立。如图 A-7 所示，平面上可能存在某个区域，其环绕数为 0，但仍然被折线所包围。

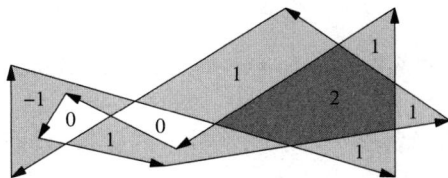

图 A-7   平面上的一些有限区域的环绕数可能等于 0

习题 3.12 我们可以轻松找到折线最左侧的顶点（如果有多个，任选一个即可）。从该顶点出发，我们沿着折线以逆时针方向行走，并构造出其边界。（在每个自交点处，我们改变方向，沿着逆时针顺序的下一条边继续前进。）

该过程的结果是一条新的折线，它包围着相同的点集。新的折线可能与自身接触或重叠，但绝不会与自身相交。因此，我们可以使用环绕数或射线投射算法来判断给定的点是否位于这条新的折线内部。

例如，图 A-7 中闭合折线的边界是一条新的闭合折线，它有 13 个顶点。

习题 3.13 略。

习题 3.14 当女孩沿着折线的每条边行走时，男孩转动的角度都小于180°（半个圆）。因此，女孩能够完整绕行的圈数必定严格小于 $n/2$。对于每个 $n \geq 3$，我们都可以构造一个点和一条折线，使得该点相对于折线的环绕数为 $\lfloor (n-1)/2 \rfloor$，这必然是最优的。

举一个简单的例子，当 $n \geq 5$ 且为奇数时，一个正 n 边形的所有 n 条最长对角线构成的折线即为这样的例子。

3.4 节习题：多边形三角剖分

习题 3.15 在顶点数最少的多边形中，每个三角形和每个凹多边形都有唯一的三角剖分。对于任意 $n \geq 3$，我们可以构造一个具有唯一三角剖分的多边形示例，方法是从一个三角形开始，每次添加一个新的三角形，使得每个新三角形都与之前构造的多边形共享一条边，并且新三角形的第三个顶点的位置要确保不存在从该顶点出发的内部对角线。图 A-8 给出了一个简单的示例。

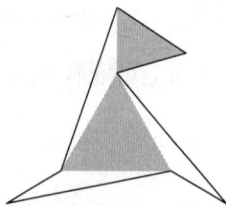

图 A-8 一个具有唯一三角剖分的七边形

习题 3.16 每个多边形都有一种三角剖分，因此每个具有 n 个顶点的多边形至少有 $n-3$ 条内部对角线。我们现在断言，一个多边形的三角剖分是唯一的，当且仅当它恰好有 $n-3$ 条内部对角线。这是因为一旦一个多边形的内部对角线数量超过 $n-3$ 条，它就会存在一种三角剖分，其中有一条内部对角线 d 未被使用。如果我们现在使用这条对角线 d 将多边形分割成两个更小的多边形，并分别对它们进行三角剖分，我们就会得到该多边形的另一种不同的三角剖分。

内部对角线的数量可以很容易地在多项式时间内计算出来。最简单的算法运行时间为 $\Theta(n^3)$：对每一条对角线和每一条边，检查它们是否相交。

也存在更高效的算法来检查一个多边形是否具有唯一的三角剖分。第 4 章参考文献 [14] 表明，可以在 $O(n)$ 时间内检查给定的三角剖分是否唯一：只需检查该三角剖分是否包含一条对角线，使得由该对角线的两个相邻三角形所组成的四边形是凸的即可。结合第 4 章参考文献 [5] 提出的能找到一种三角剖分的 $\Theta(n)$ 算法，我们可以在线性时间内解决这个问题。

习题 3.17 我们将递归地构造着色方案。对于三角形而言，解决方案很简单。现在假设我们有一个具有 $n > 3$ 个顶点的多边形。由于该多边形可以划分为 $n-2$ 个三角形，并且多边形有 n 条边，因此显然存在一个三角形包含多边形的两条边。此外，这两条边显然是相邻的。如果移除这样一个三角形，我们就会得到一个具有 $n-1$ 个顶点的多边形。我们递归地对这个更小的多边形进行着色。然后我们重新连接回刚才移除的三角形 T_1。该三角形与另一个三角形 T_2 恰好共享一条对角线。我们观察 T_2 的颜色，并用与之相反的颜色为 T_1 着色。

习题 3.18 注意图 A-9 中标记为 1 到 9 的三角形。这些三角形中的每一个都必须与其两个相邻三角形的颜色不同，而显然仅用两种颜色无法实现这一点。换句话说，其对偶图不是二分图，因为这 9 个三角形对应于对偶图中的一个奇数长度环。因此，对于某些一般的三角剖分，仅用两种颜色是不够的。

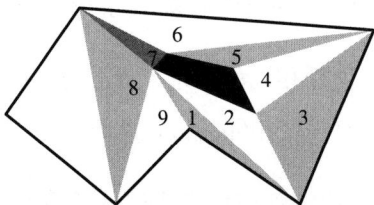

图 A-9 证明该三角剖分需要三种颜色进行着色

对于上界，我们可以使用与习题 3.17 中相同的递归方法，构造一个仅使用少量颜色的着色方案。在任何带孔多边形的三角剖分中，总存在一个三角形与多边形的边界（包括孔的边界，如果有的话）共享至少一条边。我们可以找到这样一个三角形，将其移除，然后递归地对剩余的多边形进行着色。当我们重新连接回被移除的三角形时，它最多与两个已着色的三角形相邻。因此，我们一定至少有一种颜色可用于这个新的三角形。

习题 3.19 是的，可以用于这种情况。唯一的例外是外部多边形为凸多边形的情况，但在这种情况下找到一条内部对角线是很容易的。

4.1 节习题：栈与队列

习题 4.1 主要区别在于数据结构中存储的"指针"的方向。在队列的链表实现中，每个元素存储了指向下一个元素的指针，而在候诊室中，每个人记住的是前一个病人。

这种差异源于两个场景之间更基本的区别：链表中的元素是无生命的（因此必须由外部机制来操作），而病人则是主动的个体。从这个角度来看，候诊室是事件驱动的面向对象编程的一个好比喻。

习题 4.2 这个习题有很多正确答案。一个很好的例子如下所述。每年圣诞节，某人通常都会收到一些书作为礼物。当他得到一本新书时，他的许多家人和朋友也想阅读它。这通常会形成一个类似链表的队列：每个人都记住一条指令，比如"你读完这本书后，把它交给 Deny"。

4.2 节习题：中值作为最佳集合点

习题 4.3 算法的工作方式完全相同：我们要寻找一个位置，使得该位置两侧各有一半的人。为了证明算法的正确性，只需假设每个人都有自己的房子。这个任务与无权重版本的唯一不同之处在于，现在可能有多个房子位于同一位置。

习题 4.4 我们可以再次使用相同的推理。设 v 为树中的任意一个顶点，假设当前公交车站位于顶点 v。顶点 v 有一些相邻的边，此时存在以下两种可能情况。

(a) 顶点 v 有一个邻居顶点 w，使得树中超过一半的顶点位于边 vw 的 w 一侧。在这种情况下，居住在 w 一侧的人会将公交车站从 v 拉向 w。换句话说，w 是公交车站更好的位置，因为当我们将公交车站从 v 移动到 w 时，大多数人的步行距离会减小。

(b) 顶点 v 没有这样的邻居。在这种情况下，公交车站不会从 v 移动：无论向哪个方向移动，都至少有一半的人会反对。因此，当我们寻找公交车站的全局最优位置时，我们要找的是第二类顶点。我们还需要注意最后一点：在整棵树中，这样的顶点最多只有两个；如果有两个，它们必定是相邻的。这一点很容易证明：如果 u 是第二类顶点，v 是它的邻居，那么在边 uv 的 v 一侧最多只有一半的顶点，因此至少有一半的顶点位于 u 一侧。所以，v 一侧除了 v 本身之外的任何顶点，都必然会有超过一半的顶点连接到它的某个邻居。

这给出了一个简单的贪心算法。将公交车站放置在任意一个顶点上，只要当前顶点属于第一类，就将公交车站移动到"较大"的邻居处。该过程停止时，你就找到了一个最优位置。（所有最优位置的集合要么只包含这个顶点，要么包含从该顶点通向某个邻居的整条边。）

注意，和线性版本中一样，边的长度并不重要，公交车站的最优位置仅由树的形状决定。此外，同样的推理也可以用来解决带权重的版本，只需用顶点权重（人数）的总和代替顶点的数量即可。

如果我们首先在树上运行一次深度优先搜索，预先计算出子树的大小，这个算法可以用 $O(n)$ 的时间复杂度实现。此外，还有另一种算法也能以 $O(n)$ 的时间复杂度解决这个问题。在第一次深度优先搜索过程中，我们还可以计算出当公交车站设在深度优先搜索的根节点时，所有步行距离的总和。然后，我们从同一个顶点开始第二次深度优先搜索。在这次搜索过程中，我们将公交车站的位置随搜索移动，并在沿图移动时不断更新步行距离的总和。

习题 4.5　解决这个任务的关键在于意识到我们可以将其分解为两个独立的一维问题。任何解决方案都必须包含两个独立的部分：所有人的南北移动结果必须使他们最终位于同一纬度上；同时，他们所有的东西移动必须使他们最终位于同一经度上。

因此，我们可以通过计算所有人的纬度和经度的中值来确定最佳集合地点。（当 n 为奇数时，会有一个唯一的最佳集合地点；当 n 为偶数时，可能会存在一个矩形区域，其中所有地点都是最佳集合地点。）

习题 4.6　显然，在最优解中，存在某个 k，使得村庄中前 k 座房屋的居民使用第一个公交车站，剩余 $n-k$ 座房屋的居民使用第二个公交车站。我们可以尝试所有可能

的 k 值，并从中选出最优解。给定某个 k 后，我们可以分别使用原始算法找到每个公交车站的最优位置。这一步可以在常数时间内完成，但接下来我们需要花费线性时间来计算使用公交车站的居民步行距离之和（我们需要这个结果来比较不同 k 值对应的解）。因此，该算法的时间复杂度为 $\Theta(n^2)$。

上述解法可以进一步优化到 $\Theta(n)$。对于每个公交车站，我们存储当前的距离总和。当我们改变 k 时，我们模拟移动公交车站，并相应地更新距离总和。

习题 4.7 考虑任意两个连续打水的孩子。如果第二个孩子的水桶比第一个孩子的小，我们可以交换他们的顺序。（这样做会缩短他们的总等待时间，并且不会影响其他孩子的等待时间。）

因此，如果孩子们打水的顺序不是按照水桶大小排序的，那么所有等待时间的总和就不是最优的。这意味着最优顺序只有一种可能。

习题 4.8 考虑村庄中第一座房屋与最后一座房屋之间的距离。如果这个距离超过了 2 km，显然公交车站不可能同时距离这两座房屋都在 1 km 以内。另外，如果这两座房屋之间的距离不超过 2 km，我们可以将公交车站放置在这两座房屋的中点位置，从而满足条件。（这种放置方式确实满足了每座房屋距离公交车站不超过 1 km 的约束，但通常在平均步行距离方面并非最优。）

我们再仔细分析一下这个新约束如何限制公交车站位置的选择。对于每座房屋，都存在一个长度为 2 km 的区间，公交车站必须位于这个区间内。所有这些区间的交集就是公交车站所有可能的有效位置。显然，这些区间的交集仍然是一个区间，并且我们只需计算两个区间的交集即可，即第一座房屋对应的区间与最后一座房屋对应的区间。

如果在不考虑 1 km 约束的情况下计算出的公交车站最优位置恰好位于允许的区间内，那么我们很幸运——可以直接选择该位置，并且确定这个选择是最优的。

另一种可能性如图 A-10 所示。由于全局最优解（中值坐标）位于允许区间之外，我们可以得出以下结论：如果我们将公交车站放置在任何允许的位置，总会出现一侧的房屋比另一侧更多的情况。因此，村民们总是希望将公交车站向中值方向移动。显然最佳的允许位置是允许区间中最靠近中值的端点。

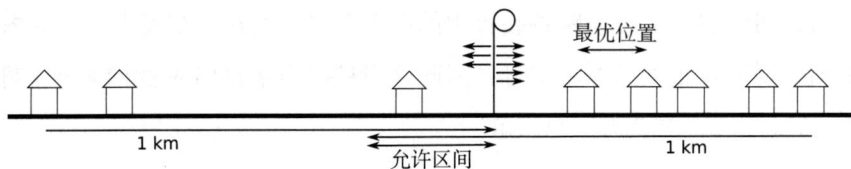

图 A-10 额外的 1 km 距离限制将公交车站可能的位置限定在一个区间内。如果全局最优的公交车站位置恰好位于该区间之外，那么允许范围内的最优解就是允许区间中最靠近全局最优位置的端点

习题 4.9 存在一种高效的贪心算法。首先按照坐标对房屋进行排序。考虑村庄中最左边的房屋，这座房屋必须在 1 km 范围内有一个公交车站。显然，这个公交车站的最佳位置恰好位于该房屋向村庄其他房屋方向的 1 km 处——任何其他位置都无法"覆盖"更多的房屋。我们重复这一过程（每次选择尚未被覆盖的第一座房屋，在其后方 1 km 处放置公交车站），直到所有房屋都被覆盖为止。

该算法的时间复杂度为 $O(n\log n)$，其中最慢的部分是排序过程，而覆盖阶段可以在线性时间内完成。

4.3 节习题：子串搜索

习题 4.10 7 只旅鼠中有 6 只在前一步中幸存下来。因此，装置中标记为 x 的坑至少有 6 个。结论是：字符串 N 中至少包含 6 个字母 x。（注意，N 中可能包含超过 6 个字母 x。）

习题 4.11 答案是能，且最短周期为 $n-S[n]$。用语言描述：最短周期就是当最右边的旅鼠到达装置终点时，装置中最右边两只旅鼠之间的距离。

我们要寻找最小的 p，使得对于每个有效的 i，都有 $N[i]=N[i+p]$。换句话说，令 $k=n-p$，我们要寻找最大的 k，使得字符串 N 的前 k 个字母组成的字符串与后 k 个字母组成的字符串相同（参见图 A-11）。

图 A-11 最短周期 p 由最大的 k 决定，其中长度为 k 的前缀和后缀相同

假设我们使用了对应字符串 N 的装置，并且读取了字符串 N，使得其中一只旅鼠到达了装置的终点。现在我们来看一下位置 k。这个位置当前是否有一只旅鼠？在其

生命周期内，相应的旅鼠必须跨越装置中的前 k 个坑。另外，在其生命周期内，这只旅鼠会听到字符串 N 的最后 k 个字母。因此，当且仅当字符串 N 的前 k 个字母与后 k 个字母相同时，位置 k 才会有一只旅鼠。

因此，每只旅鼠的位置定义了一种可能的周期。由于我们想要最短的周期，也就是最大的 k，我们关注的是从右边数第二只旅鼠的位置。而这只旅鼠正位于位置 $k = S[n]$。

习题 4.12 令 $N[x..y]$ 表示由字符串 N 中第 x 到第 y 个字母组成的子串。我们已知最右边的两只旅鼠位于位置 17 和位置 12，因此（根据与习题 4.11 解答中相同的推理）我们有 $N[1..12] = N[6..17]$。这意味着字符串 $N[1..17]$ 的最短周期为 $p = 5$。但这样一来，该字符串也必然具有周期 $2p = 10$，因此有 $N[1..7] = N[11..17]$。由此等式可知，位置 7 必定也有一只旅鼠。

现在假设位置 11 也有一只旅鼠。由于位置 12 已有一只旅鼠，因此可知 $N[1..12]$ 的周期为 1。换句话说，$N[1..12]$ 由 12 个相同的字母组成。再根据 $N[1..12] = N[6..17]$，我们得出 $N[1..17]$ 必须由 17 个相同的字母组成。但这与位置 12 的旅鼠是从右边数第二只旅鼠的事实矛盾。因此，位置 11 不可能有旅鼠。

习题 4.13 我们可以将 KMP 装置扩展为同时查找多个模式的装置。主要技巧是将单一路径改为路径树。更准确地说，这个装置的布局将直接对应于一个包含所有待查找单词的字典树（trie）。旅鼠的行为仍然是确定性的，我们只需增加一条新规则：如果当前有多个前进方向可选，并且其中一个方向上有桥梁，就选择该方向。

图 A-12 以示意图的方式展示了一个可同时查找四个单词的装置。

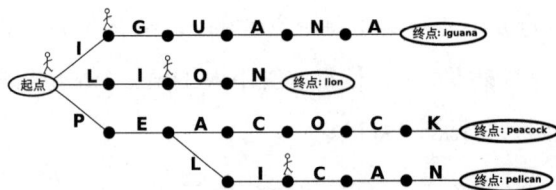

图 A-12 为单词 IGUANA、LION、PEACOCK 和 PELICAN 构建的 Aho-Corasick 结构示意图。从旅鼠的位置，我们可以推断出最近读取的四个字母为：PELI

为了在给定字符串 H 中找到所有单词的所有出现位置，我们可以使用与之前相同的过程：在读取 H 的各个字母时，跟随最右侧的旅鼠。（注意，每秒只释放一只旅鼠，因此不可能出现两只旅鼠同时位于最右侧或其他相同位置的情况。）

　　预先计算的信息现在也需要推广。我们现在需要回答这样的问题："如果最右侧的旅鼠位于字典树的这个节点，那么从右数第二只旅鼠位于哪个节点？"注意，答案节点可能位于与问题节点不同的分支中，如图 A-12 所示。

　　上述构造方法是 Aho-Corasick 算法的基础。

　　请注意，在一般情况下，我们还需要处理一个之前没遇到过的复杂情况。一般而言，我们的模式集合中可能存在两个模式，其中一个模式包含于另一个模式之中。例如，当我们在字符串 ALBAT 中查找字符串 BAT 和 ALBATROSS 时，我们会跟随最右侧的旅鼠沿着装置中的"ALBATROSS 分支"前进，而完全忽略了另一只旅鼠已经在"BAT 分支"中到达目标的事实。在 Aho-Corasick 算法中，这种情况通过添加输出链接（output link）来处理，这里我们省略具体细节。

版 权 声 明